にっこり相続 がっくり争続

はじめに

息子よ、大変なのは親ではない、お前たちだ

息子は七年前に二度ガンになりまして、人生を変えました。団塊の世代としてがむしゃらに生きて来た自分を捨てて、健康管理一筋に過ごしていますが、三つ子の魂百までもと言いますか、毎日の過ごし方は、せかせかと何かに追い立てられ、少しも変わっていないようです。

仕事が遊びに変わっただけの第二の人生。マラソンにロードバイク、ボウリング……趣味が高じて、マラソンとボウリングの本を書いてしまいました。

本を書きだすとこれがなかなか面白いようで、本業で培った専門の経験談を小説風にして、今回の出版に至ったようです。私は一年前に死んで、今では皆さんが言っておられるあの世で悠々自適に過ごしています。たまにこの世との出会いの場であるお墓の中から外の世界をのぞきに来ています。

「相続は親父のこと、俺はまだ四〇代だから考える必要などない」

そう思っている方が多いのが日本の実情のようです。大きな間違いはここから始まります。

相続は相続させる父親・母親が大変なのではないのです。相続財産を受け継ぐ子供の方がむしろ大変なのです。

死んで行く方は、勝手に死んでしまえば、それで終わり。これから生きていかなければならない人

は残された価値ある財産、価値のない財産も、債務も仏壇もお墓も、親の付き合いも評判も、すべてを引き継いでいかなくてはなりません。好むと好まざるとにかかわらず、です。

日本人の二人に一人がガンで死んでいく世の中です。六〇代になったら、いつガンで死ぬか分かりません。

事実、息子も六〇歳でガンになりました。幸い、手術が間に合い命拾いをしましたが、入院しているとき、自分の人生を振り返ったようです。多くの人にお世話になり、今日の地位と財力を蓄え、幸せに暮らしてきました。その息子が人生の終局を迎えるにあたり、妻や子供たちのことを初めて真剣に考えることとなったようです。

最近は私の入っている仏壇の前に座ることもあり、神妙に墓に花を供えるようにもなりました。

息子も今まで楽しく働き、充実した人生を過ごしてきました。嫁もわがままで忙しい息子に我慢しながらついてきました。孫たちにも人並みの教育を受けさせることができ、道を外れることなく真っ当に生活してくれています。

もはや心配なことは何もない幸せな人生を送っていますが、それゆえに初老の息子は老後と死後のことが心配になってきたみたいです。ずいぶん贅沢な悩みだとも言えましょう。

以下、私と息子豊成が主人公である部分も交錯しますが、まあ、聞いてやって下さい。これには内山税理士にも専門的な立場から協力していただきました。

私のつたない経験からすると「にっこり相続」の逆をやると「がっくり争続」になり、「がっくり争続」を避けるようにすれば「にっこり相続」も可能です。皆様、人生最後の締めくくりはくれぐれも失敗のないようにと、願わずにはいられません。

今回もボウリングの本で世話になった北利子さんにイラストを描いていただきました。悲喜こもごもになりがちな相続の話を、明るく面白くまとめていただきました。

この本が皆様の参考になれば、こんなうれしいことはありません。どうか最後の締めくくりは上手にされますよう、願わずにはいられません。

平成二十八年十月一日

あの世から子孫の幸せを祈りながら、豊成の父より

目次

第一章　還暦迎えたら、ガンが来た

一、健康診断でガンに出会う……12
二、これまでの生き方を変える豊成……14
三、人生は金や土地、地位や名誉ではない……15
四、主人公鈴木豊成の経歴とその一族……18

第二章　今、鈴木家の家の中では

一、お願い、税理士先生、手伝って……22
二、なぜか奥様はお金持ち……25
三、この財産は誰のもの……26
四、財産も意外とあやふや……27
五、本人も知らない鈴木家の隠れたお宝……30

第三章　そのときどうする、料亭での話

一、それぞれの専門家が語ったこと……38
二、死ぬまで貫く頑固とわがまま……47
三、愛犬に相続させたい……58
四、三世代たてば、みな平等……63
五、税理士なんか当てにするな……66

第四章　相続税の計算はこうする

一、宗教用の道具には掛からない……72
二、相続財産から控除されるもの……76
三、財産をどう分けるかは俺の勝手だ……77
四、相続税には各種の控除がある……82
五、国家が付けた奥様のお値段……85

第五章　これが税務調査の実際だ

一、初めは猫かむりでやさしく……88

二、ありゃ、ベッドの下までのぞかれた…… 98
三、趣味の茶道具が申告漏れ？…… 104
四、開かずの金庫にお宝がいっぱい…… 107
五、我慢ならない、納得いかない…… 110

第六章　もめごとは人の世の常である
一、知らないことは突然やってくる…… 114
二、鉛筆ナメナメ遺言書作り…… 121
三、墓石を二男がヒシャクで叩いた…… 125
四、気分よく死にたい…… 128
五、ボケたらどないする…… 134
六、こんなのいらない、困った財産ベスト4…… 138

第七章　死んで困るのは私ではない
一、ぼた餅なんて、いらない…… 146
二、これで行こう、相続の三大対策…… 149

三、こんな手もある、節税の三大対策……151
四、やれば喜ばれる、贈与の三大作戦……156
五、まだある、所得の分散三大作戦……161

第八章　前門の虎、後門の狼

一、江戸時代も現代も大して変わらない……170
二、生活力のない兄弟がいると大変だ……173
三、事業を継ぐのは一大決心である……174
四、跡取りの言い分、出た者の言い分……176
五、日本の伝統文化、敗戦の日近し……177

●イラスト　北利子

●登場人物

・主人公	鈴木豊成社長	六七歳	スーパーと自動車販売店の社長
・妻	鈴木幸子	六二歳	
・長男	鈴木徳雄	三七歳	大手商社のサラリーマン　妻と子二人
・二男	鈴木継男	三五歳	後継ぎ予定者　妻と子三人
・長女	山田順子		安月給のサラリーマンの妻　子二人
・祖父	鈴木高願		元公務員　一年前九二歳で死亡
・祖母	鈴木末子	九一歳	専業主婦　未亡人　健在
・税理士	内山実	六七歳	
・ファイナンシャルプランナー	神川万年	六三歳	
・弁護士	秋山真治	六五歳	
・不動産屋 あいされ不動産	野田社長	六六歳	
・公証人	愛知憲雄		
・主人公の友達二	山本		

第一章　還暦迎えたら、ガンが来た

一、健康診断でガンに出会う

元気なうちは私はまだ死なない。死が間近に来ることなど思いもしない。自分のところには来ることはない。そう思ってはいないか。

しかし、病気も死もどんなに真面目に暮らしていようが、不誠実に暮らしていようが、まったく平等にやってくる。人間の思いとは関係なく「病・老・死」はやってくる。

私の息子、鈴木豊成は五九歳のとき、会社の健康診断で運よくガンが見つかった。本人は運よく見つかったことに、よかったとも思っていないようだが、二人に一人がガンにかかる時代である。手遅れになる前に発見されるというのは実に運のいいことだ。それなのに、息子は本当に感謝の気持ちが少ない成り上がり者である。

ガンが見つかるまでは毎晩宴会に追われ、宴会がないときは自宅で晩酌。妻の幸子からは「休肝日を作ったら」と言われながらも、「毎日飲めるのは健康の証拠だ。飲める量は健康のバロメーターだ」と、言うことをまったく聞き入れない生活を送っていた。

豊成の生活信条は「三六五日営業で、一日一五時間労働」「人の倍働けば、投資金額の効率は倍になる」というものだった。人生は一度しかない、一回だけである。決してやり直しはきかない。人生を満喫するのも、家庭を幸せにするのも、すべて俺の生活にかかっている。やるしかない、と思っていた。

日本経済の高度成長の波に乗り、頑張りさえすれば誰でも所得が増え、豊かになった時代。豊成の思惑も次々と当たり、世に言うバブル経済の中で努力以上に濡れ手で粟をつかむことができた。

飲んで歌って騒いで、飛ぶ鳥を落とす勢いの中年生活をエンジョイしていた。商売もきわめて順調で、毎年事業規模を拡大し、金融機関からは株式を上場したら、との声もかかるほどになった。しかし、突然にやってきたリーマンショックにより、あわや倒産まぢかにまで追い詰められ、経営者として地獄をのぞき込む辛酸を味合わされた。

このとき、妻の幸子は夜逃げの準備を密かに経験したことから、家族や老後の生活を守るのは主人よりお金だと心に決めることとなった。幸子の貯蓄の

決意はこのときより始まった。主人に内緒でコツコツ貯めたお金がこの先、鈴木家の相続の火種になるとは知る由もなかった。。

こんな浮き沈みの激しい時代の中でも、息子や娘も無事に育ち、結婚もして子供にも恵まれ、孫に囲まれて「孫のおこづかいが大変だ」と、いつものように顔をほころばせているのが日課だった。

二、これまでの生き方を変える豊成

「鈴木さん、ガンです。急がないと間に合いません。大至急、手術を受けて下さい」

ガンはすでにずいぶん成長していて「ステージ四」と告げられ、五年間の生存率は四〇％以下と宣告された。死と向かい合った豊成は、老後と死後のことを初めて真剣に考えた。

息子は名医のおかげで手術も無事成功し、生死の淵から生き返った。四五年の事業家としての人生を振り返り、友人である税理士の内山から以前もらった「エンディングノート」を病院のベッドの上で書き始めた。

エンディングノートを書き進めるのに、今までお世話になった方や、人生の節目を乗り切ったときのことなどを思い出し、この先、人生の終局に向けてぼちぼち準備を始めることを決意するようになった。

豊成のそれまでの生き方は「忍耐・努力・根性」で人生を切り開いてきたが、ここで少し考え変えた。「明日、死んでしまうかもしれないと思い、今日を生きる。永遠に生きると思って、今日も学習する」ことにした。

元々真面目な豊成は一年だけの計画を立てた。今までは長期計画ばかりだったが、「一年ごとが勝負や。先のことなど分からん年齢だ」と割り切ることにした。しかし、一年区切りでは勉強や学習は成果が上がらないので、永遠に生き続けるとし、勉強することに決めたみたいである。

三、人生は金や土地、地位や名誉ではない

豊成は病院のベッドの上で考えた。凡人は財産と子孫しか残せない。

日本の文化は家を残せ、子孫を残せと何千年にわたって作り上げられてきた。ところが、今ではこの考え方が良いか悪いかは別として、難しい世の中に変化してきている。日本の伝統的価値観の変化である。

地位や名誉は生きていく間の財産であるが、別にあろうがなかろうが、その人の本質的価値にはどうでもよいものである。むしろ、社会的な見る目に気を使うこととなり、気ままに生きる自由人にとっては邪魔でしかない。自分の生き方には関係のないものでもある。

子や孫が財産か、豊成は考えた。確かに子供や孫はわが家の財産だ。しかし、財産なら子や孫が自分の思い通りに動いてくれ、自分の分身として自分と共に同じ価値観を共有してくれるのが理想だが、自分は親に反抗して好き勝手にやって、自分の人生を築いてきた。子供たちには自分の人生を満喫するよう、好きなことをやらせるのが筋だ。

それなのに、息子や娘に俺の後を継いでくれ、俺の残した事業や名誉を受け継いでくれとは、虫のいいことだ。今の会社も、名誉も財産も、自分が楽しんだ残り物、自分にとっては財産かもしれないが、息子たちから見れば、親父のお荷物でしかない。ちょっと歪んだ考え方かもしれないが、親の使い果たしたカスである。

土地や建物の**不動産は、自分の人生観に合わなければ、何の価値もない**。むなしく残るだけである。不動産をほしい人には、のどから手が出るほどだろうが、必要のない人から見れば、草は生えるし、固定資産税はかかる。建物は傷んできて修理代もかかる。挙げ句の果てにルンペンでも住み込んだら、危険極まりないものになってしまう。ただのお荷物でしかない。

貯金は確かに財産かもしれないが、多いか少ないかは持っている者の価値観によって異なる。一歩間違えれば、多様な価値観に育った若者にとっては、毒薬にも変身する。

人生の幸せはお金の多さと関係ない。もちろん、困らない程度になければ不幸かもしれないが、では一億円あれば幸せか、三億円なら幸せか、上を見ればきりがない。

きりがないものに人生をかけるのは、極めて不幸なことである。棺桶に入るまでもっと多く、もっと多くと言いながら死んでいかなくてはならない姿を見ると、とても幸せとは言えない。

挙げ句の果てに、親父が金持ちだと分かれば、息子は働かなくなり、辛抱が効かない。自立することなくわがままに、ぐうたらに育ってしまうことにもなりかねない。適当にあるのが幸せで、息子や他人から狙われるほど貯め込むことは、息子の人生を失うことにもなりかねない、危険な持ち物なのである。

オリンピックのメダリストやノーベル賞をとるほどの名誉、歴史に名を残すほどの偉人なら、地位や名誉を語ることができるだろうが、凡人が残す地位や名誉はせいぜい会社の社長、公務員の上級官僚、各種団体の会長や理事長程度。遊びならゴルフのシングルプレーヤー、政治家なら掃いて捨てるほどいる市会議員に県会議員と国会議員などとなる。

先の大戦ではたくさんの人を殺した人が名誉勲章をいただいたが、戦争が終われば戦犯となった。歴史の価値観によって、地位や名誉ほど当てにならないものはない。こんなものに一度しかない人生をかけるのは実にばかばかしいことだが、勲章目当てに頑張っている愚かな人が多いのもまた事実である。

「金だ、金だ」と血眼になり、走り回っても稼げる金は、凡人ならせいぜい三億円程度で、これだけあれば億万長者ではある。全国民からすれば三億円以上の財産があれば、一億二千万人の中の五％以内に入る、いわゆる富裕層である。

この富裕層になるべく頑張って頑張って頑張って貯めたら、ある日、株の大暴落でスッテンテンになったり、「オレオレ」と言われて電話一本で、全財産をなくす人もいる。欲深くケチくさくコツコツ貯めるのに賭けるのは、一度しかない人生の目的とするには危険なことである。が、凡人にはこの程度のことしかできないのも、世の中のしきたりである。

四、主人公鈴木豊成の経歴とその一族

豊成は昭和二四年、鈴木高願の長男として生まれた。高度成長の中、オリンピックに万国博覧会に学生運動にと、多感な青春時代を過ごした。この青年は公務員であった親父の生き方に反発し、事業家を目指した。

昭和四五年、大学を卒業した二一歳のとき、小さな八百屋を始めた。昭和四九年、二五歳でたまたまアメリカ旅行に出かけ、車社会の到来とそれに伴う大型ショッピングセンターがいずれ日本にもやって来ると思った。日本の将来の姿を、人よりちょっと先に見た。

昭和五一年、旅行先でたまたま知り合った幸子と結婚。昭和五二年、二八歳で結婚したての幸子と二人でスーパーを始めた。

昭和五四年、三〇歳で必ず自動車社会が来ると確信し、自動車の販売店も開始。昭和六四年、四〇歳で株式投資をして大もうけした。二男一女に恵まれ、個人財産は一〇億円以上にもなった。

平成二〇年、健康診断でガンが見つかる。

鈴木家の系図

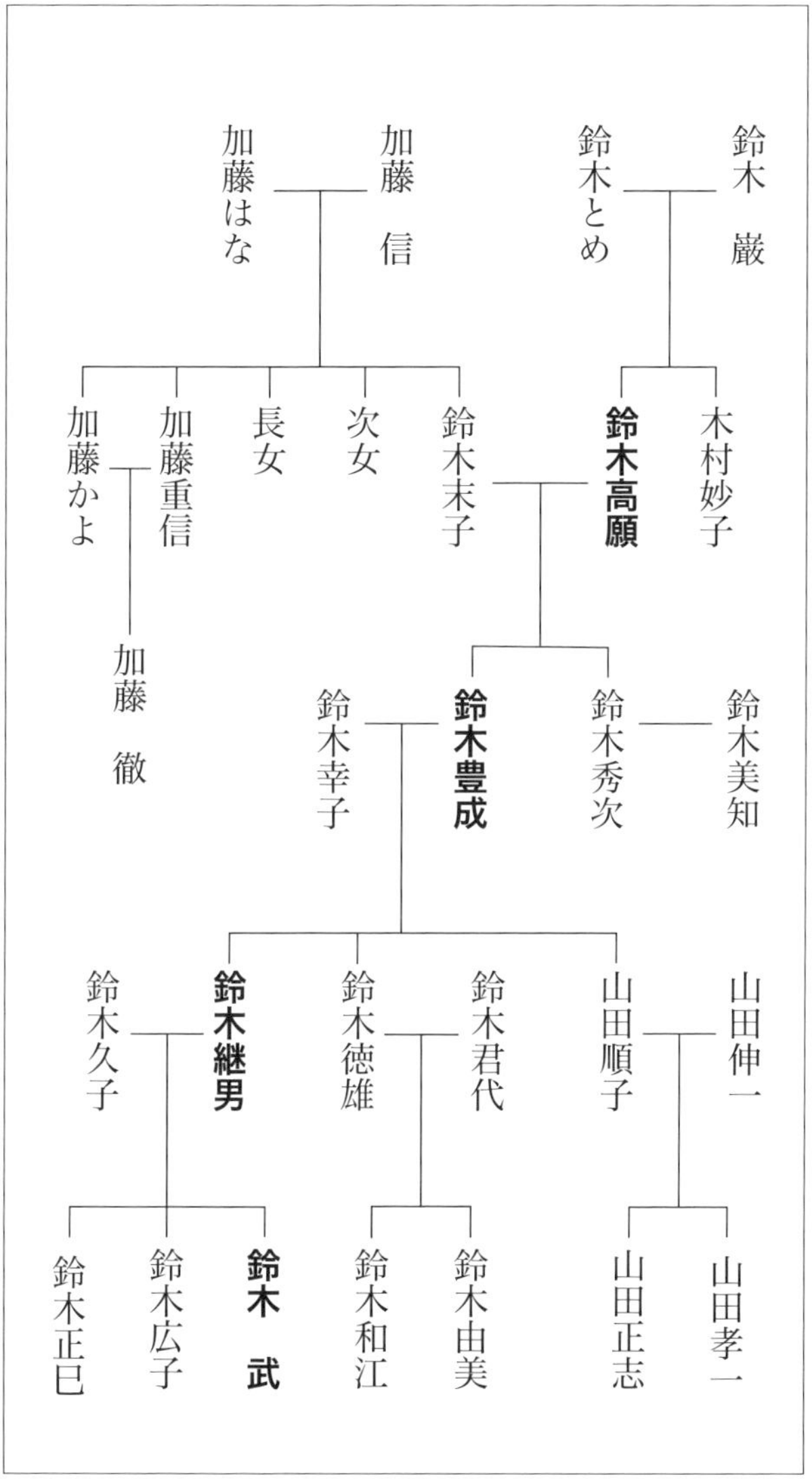

第二章　今、鈴木家の家の中では

一、お願い、税理士先生、手伝って

会計事務所は会社に来るものだと考えていた鈴木社長だが、「相続のことは俺自身の問題で、会社のことではない」と思っていた。もちろん、当社のような個人事業に近い会社では個人と会社の仕切りが極めて低いので、会計事務所との付き合いも割り切る必要はないほどだ。しかし、鈴木社長は律儀に「会社は会社、個人は個人」と考えた。

そこで、わざわざ相続の相談には会計事務所に出向くことにした。

会計事務所は会社の税務や会計の指導をするときは当然、すべての資料がそろっている会社に出向く。実態を確認し、資料を突き合わせなければ、正しい税務監査も、指導もできない。それゆえ、必ず出張してくる。

しかし、相続のような個人のプライベートな相談では、会計事務所か個人の自宅で話をするのが実務的である。もちろん、**具体的な財産確認などで実地調査を必要とするときには、会計事務所もその財産が存在する場所に出向く**ことにもなる。

土地であればその土地の所在地まで出向き、崖地や道路の付き方、埋め立ての必要があるかどうかなど、実際に測量機器を使って測ることもある。また、金融機関の貸金庫などの中身の確認に立ち会うこともあり、現物が存在する場所への同行は重要な財産評価の基本である。

鈴木社長の訪問を受けた税理士の内山は三〇年以上にわたって会社の顧問税理士をしているので、会社の内容は十分に掌握している。毎年作る決算書や資産負債の明細書、また会社の株式の評価などはガラス張りのように分かっているが、鈴木社長個人の財産内容となると、確定申告の助言をする程度でほとんど知らないのが現状である。

幸いにも長年、会社との付き合いから、経理担当の責任者をしている奥様の幸子とは、家庭のことを常に聞いている。兄弟や子供さんのこともほぼ分かっていた。

鈴木社長は税理士内山の事務所の玄関をくぐった。しばらく雑談をした後、話を切りだした。

「先生、いつも会社ではお世話になっています。先生もご存じのように、ガンで死にそうになりまして、どうもこの先のことが心配になってきました。そこで事業を息子に譲り、定年後の自分の生活のことを思い浮かべ、身辺整理を進めるためにも、相続や遺言のことについてお力を貸して下さい」

「鈴木社長、ではまず最初にご家族のことをお話していただけませんか」

鈴木社長は一口お茶を飲みながら「分かりました。まず家族のことですが」と話し始めた。

「親の口から言うのも変ですが、長男の徳雄は子供の頃から学力がちょっと優秀でして、東京の大学に入り、それ以後、地元にはほとんど帰ってこない生活を送っています。総領の甚六でのんびりしたところがありますが、意外と融通が利かないというか臨機応変なところがなく、親としても良く理解できない面があります。しかし、大手の商社に勤めて安定した生活を送っており、親としては安心しています。

二男の継男は体育会系で人間関係では縦横の繋がりも多く、文系の長男に比べるとずいぶん快活です。同じ兄弟とは思えないほど性格が違い、正直言って、あまり仲のいい兄弟だとは思えません」

鈴木は一気にしゃべった後、軽くため息をつき、

「相続でもめないようにするには何かよい方法はないでしょうか。二人の息子はたまに会ってもほとんど口を利くようなことはなく、困ったものです。相続のときにもめるようなことがあると女房が困りますので、何とかしておかなくてはと思っています」

相槌を打ちながら、内山は鈴木の話を聞いていた。

「性格が違うからといって、もめるとは決まっていませんよ。それに母親が生きている間は多少は遠慮しますからねえ。息子さんは母親には弱いですから、一般的に母親の困ることは我慢することが多いですよ」

「そうですよね。女は得ですよね。私が経営しているスーパーと自動車の販売事業は二男が後を継ぎ、長男は会社勤めを続けるみたいです。娘は嫁いでいて、とりあえず安定した生活を送っています。長女の順子は先生、ご存知ですよね」

「ええ、知っていますよ。たまに会社にお孫さんを連れてきているところを見かけます。奥様のお仕

事の手伝いをしているみたいですね」

「手伝いと言うほどでもありませんが、その代わり、仕事帰りにスーパーに一緒に出かけて行って、孫のおやつを買ってやっているみたいです。順子は母親が商売で追い回され、自由な時間がほとんどなかったのを見て育ち、父が公務員で時間通りに帰宅する姿を見て育ちました。どうも不規則な生活の商売には見向きもせずに、サラリーマンと結婚しました。昔から親の背中を見て子は育つと言いますが、造反されたみたいです」

鈴木社長はそう言って、ちょっとてれた。

「女房はそこそこ蓄えているようですが、いくら持っているのかまったく知りません」

内山は話を聞くうち、鈴木家の内情を理解するのであった。

二、なぜか奥様はお金持ち

「鈴木社長、少し込み入ったことをお聞きしますが」と内山が鈴木家の財産管理について聞いた。

「鈴木社長のご家庭の財産管理はどなたがやっておられますか」

「結婚以来、女房が印鑑も通帳も握っているので、僕はまったく分かりません」

「ほー、社長のところも、私のところと同じ大蔵省が握っていますか。まあ、日本の文化ですからね。

最後は女房にすべてやられてしまいますね。金を持っているのが一番強いし、長生きですからね。

家庭の財産はまさに『一心同体』なのですが、**相続税は個人課税ですので、ごちゃ混ぜは許されません。**日本の課税文化では『疑わしきは課税する』なんてことが長年行われてきており、納税者である国民はお上は怖いものだという印象を多くの人が抱いています。

最近は国民の意識もずいぶん変わってきましたが、高齢者の中にはいまだに赤紙一枚で命まで取り上げた、お上の仕業におののいている方もたくさんいます。もちろん取られるものを多く持っている人ほど怖がるのですが、取られるものがない人には税務署はまったく怖くありません。当然ですね」

生活費はご主人の貯金通帳から、高価なものはご主人の通帳から。子供の月謝も電気やガスの引き落としも、すべてご主人の通帳から。ご主人の通帳はガラス張り。奥様の通帳は貯まる一方。

「老後が心配だから、貯めておかなくては」

これが日本の標準的な家庭であると感じている男性諸氏も多いのではないか。

三、この財産は誰のもの

家庭用財産は誰のものか。これがはっきりしていない。曖昧模糊が日本の文化でもある。

家庭用財産とは生活用財産、すなわち、テレビに冷蔵庫、ベッドにタンス、応接セットにクーラー、着るものから履くものまであらゆるものがある。名義がはっきりしているものは自動車ぐらい。相続税の申告に当ってはこの家庭用財産も申告の対象になる。

今時、シャツやパンツなどは別にして、背広や着物などの衣料品が財産になるかは、もはや疑問の世の中となった。日本は本当に豊かな国である。

でも、税法にはそんなことは、どこにも書かれていない。ゴミ同然と思われるものでも、財産の内である。

相続の申告に当たり、**家庭用財産の計上がないと、調査の対象になりやすい**。そこで「家庭用財産一式」などとして、申告することになる。実にいい加減な仕来りである。

元々どこまでが財産なのかすら曖昧な上に、誰のお金で購入したのかもはっきりしていない。中には誰が使うものかも決まっていない、家族全員のものがゴロゴロしている。なのにこれが課税財産になるのである。

四、財産も意外とあやふや

相続税課税の対象となる財産は「価値のあるものすべて」とされている。その財産を受け継ぐ人の価値観とは関係ない。そこで、税務署と財産を受け継ぐ相続人との間で価値のあるなし、価値をいくらにするかの「評価」についての見解が分かれ、もめごとの元となりやすい。

現金や預金については時価を考える必要はないが、上場株式などは毎日時価が変わる。土地や建物などは、税務署が定めた路線価や市役所が定めた固定資産評価額よって評価されるが、その評価金額が絶対的な時価という正しい保証はまったくない。

税務署員や市役所の評価委員が鉛筆ナメナメ、適当にと言っては言いすぎかもしれないが、課税庁側の判断だけで決められてしまう。だから評価金額は法律で決まっているのではなく、行政通達という役所の民間人への連絡事項のような形で示されるしかない。

この役所からの通達（行政通達主義）に従いたくない人や**内容に納得できない人は、自分で評価して申告することも自由にできる。**申告は自主申告だから、どのような数値で申告するかは申告する人の時価価値に対する信念があれば、自由に金額を決めて申告するのは権利である。

あるとき、税務署の若い調査官が、

「家庭用財産が載っていませんね。私のような者でも、それなりに家庭用財産はありますよ」

と言った。これを聞いた納税者が怒った。

「父親は九〇歳にもなり、わずかな国民年金で過ごしてきた。財産になるようなものを買うと思いますか」

父親名義の多大な不動産と、長年にわたってコツコツと貯めた、わずかな貯金の持ち主だった。その相続税の申告での出来事である。調査官は、

「では、この年金受け取りの通帳から出ている百万円の出金は何でしょうか」

と尋ねた。納税者は、

「何だろ？　そうだ、一八歳の孫が自動車の免許を取ったとき、じい様に金を出してもらって中古の自動車を買ったなあ。でも、名義は孫になっている。自動車税も孫の名義で来ている」

孫がじい様にお金もらって、自動車を買ったときの出金だ。調査官は言った。

「では、実質はおじい様の財産ですね」

「いや、子が贈与でお金をもらって、自分の意思で自分の好きな車を買ったのだ」

こうなると誰の車なのか。日本の文化は難しい。こんなところにまで国が関与してくる社会なのである。

個人の嗜好や趣味で貯めたもの、四～五年でなくなる消耗品は本当に財産なのか。書画骨董として文化財として扱われるものは別として、疑問・不審の材料でしかない。

五、本人も知らない鈴木家の隠れたお宝

税理士の内山が聞いた。

「鈴木社長、以前ゴルフのお迎えに行ったとき、お庭がご立派だったように覚えているのですが」

鈴木は微笑みながら、

「庭仕事は僕の趣味なんです」

「そうですか、申し訳ないことですが、そのお庭も相続財産になるのですよ」

鈴木が憮然とした表情で、

「えっ、バカなこと言っちゃーいけないですよ。あれは僕の趣味なんだから、財産だなんておかしいじゃないの」

「私もおかしいと思いますが、税務署はたぶん許してくれません。その理由を少しお話しておきましょうか。

今の若い方はシンプルな芝生だけのお庭が好きのようですが、私たちの年代の庭となりますと、いわゆる『日本庭園』を作りたがります。松に灯篭、庭石に池が代表的ですね。庭師さんに頼めば松だけでも何十万、庭石は何百万円、灯篭も立灯篭と雪見灯篭の二基はほしくなる。ちょっと池でも掘っ

て鯉でも飼えば、すぐに数千万円の庭園になってしまいます。鈴木社長のご自宅のお庭はどうでしょうか」

「うーん、松は門被りと、池の奥に二本、入口に五葉松が一本。灯篭は二基。庭の奥と、池のふちに雪見灯籠が立っていて、槙の木が二本、百日紅に、つつじ、椛が二本あるかなあ。そして、椿と金木犀が入っている。石は四国の国産を選んで赤と緑。池を囲むように配置して、縁側には靴脱ぎ石を置いております」

庭いじりが好きな鈴木社長の話が止りそうになくなった。これを見て内山が、

「すごいですね、本格的な日本庭園ですよね。全部でいくらぐらいかかったのですか」

と話を本筋に戻した。鈴木が、

「金額ねえ、それが自分の趣味で作ったものですから、さほどかかってはいないんだよ。松は若い頃に三八市で買ってきて自分で育てたし、他の木も旅行に行ったときや、知り合いの家が庭を壊すときにもらってきたものが大部分ですから。

池も自分が手掘りで掘って作り、適当にコンクリートを打った。最近はちょっと水漏れして困っているけど、何とか鯉も生きている。池の中の鯉は夜店で買ってきたのが一〇年も生きていて大きくなり、一〇匹ほどいますが、餌がなかなか大変ですよ」

鈴木は思い出すように宙を見つめながら、さらに続けた。

「一〇キロ以下の小ぶりの石がたくさん入っているけど、これは僕がアユ釣りに出かけるたびに川原から拾い集めたもの。大きな石はさすがに自分ではできないから、石屋さんに頼んで運んでもらった。高かったのは石だけだな、それに運賃ですよ」

そう言えば先日、松が松くい虫にやられたみたいで、庭師に消毒してもらった。

「そのとき冗談に、庭師に『この程度の庭をあんたのとこに頼んだら、いくらくらいかかるかね』と聞いたら、何と『一五〇〇万円なら請け負う』と言われてねえ。それ以来、友達にはうちの庭は二千万円の価値はあると、ちょっと大ぼら吹いているのだが……」

「社長さん、そんな大ぼら言っていると、嘘から出たまことになっても知りませんよ」

「ええっ、どういうことですか」

内山がひとひざ乗りだし、説明し出した。

「相続税の課税財産評価は庭園にもかかります。大ぼらで言っている金額が税務署員の耳に入り、記録されてしまったら、鈴木さんが亡くなったとき、あなたが生前に二千万円だと言っていたとなる。その七掛けが相続財産として、課税されてしまいますよ」

「テレビの人気番組で『なんでも鑑定団』というのやっていますよね。鈴木社長、見たことありますか」

「毎週、楽しく見ています」

「あの番組でまれに数千万円なる代物が出てくるときがありますね。きっと税務署も見ていて、誰が出品したか記録を取っていますよ。まあ、三〇万円が一五〇万円になった程度のものは面白いだけで済むでしょうがねえ。

元々御典医や庄屋など歴代の家柄で、蔵をお持ちのような家系の方は、あのような番組に出ることはまずありません。あの手の番組には成り上がりの小金持ちか、税務署の怖さを知らない方だけです」

壁に耳あり、障子に目あり。相続税の課税をされそうな財産家の方は言動に注意した方がいい。それに、泥棒に目をつけられるかもしれないし。

「もし鈴木家に名のある書画骨董と思われるものがありましたら、**確かな筋の美術商や骨董商の方に、事前に鑑定を依頼しておいた方がいい**ですね。相続税申告に必要になりますから」

骨董に興味を持っている内山が以前のテレビ番組を思い起こした。

「それにつけても思い出されるのは、かなり前のことですが、NHKの特番で『佐竹本 三十六歌仙』の絵が一枚ずつ切り離し売りに出された話を放映していました。あの中には高いものでは数千万円のものもあり、買い主がはっきりしたものもありました。あの資料はきっと今でも国税局に残っているのでしょうね。

日本は長い歴史を持った国で、しかも民族移動が比較的なかった国ですから、あるところには思わぬお宝が眠っていることもあるのです。税務当局どころか所有者すら、その価値の分からない者もいるのでしょうが、相続のときはこうしたものも申告が必要ということになってきます」

「内山先生、鈴木家は江戸時代までは水飲み百姓だったみたいですから、その点は気楽なものです。何か一つくらい心配なものがあっても良いのですが。あはは、私は成り上がり以前の見栄っ張りですな」

鈴木は少し照れくさそうに話した。しかし、内山の次の話に笑みは消えた。

「**相続税には財産総額から控除される基礎控除金額が三千万円**あります。少しの財産なら心配ないのですが、鈴木社長のところは必ず相続税の課税対象となります。ですから、庭園も評価次第では時価×七〇%に税率となります。一五〇〇万円×七〇%＝一〇五〇万円に税率が一〇%なら一〇五万円の税金になります」

「ええっ、そんなに税金を取られるの。冗談じゃないですよ」

鈴木は税金で取られるくらいなら、業者にその金額を支払って庭など片付ける方がいいと思った。この前、孫が車を止めるのに「お爺ちゃん、庭を少し削って、僕の駐車場を作ってくれ」と言ってきた。庭師に庭石を片付けようと相談したら、運賃が一個五〇万円もかかると言われ、片付けることもできずに往生しているところだ。いっそのこと、ユンボを持ってきて庭に埋めてしまおうか、と思っているくらいだ。

「僕にとっては趣味の財産だけど、息子たちにしてみれば片付け賃が何百万円もかかる負の財産になるとは。庭みたいなものは趣味だから不変の財産ではないのに、相続財産にするとは国もずいぶんえげつないことするものですね」

憤慨する鈴木を見て内山は、

「専門家の私でも『庭と庭園の違い』がどこにあるのかよく分からないのです。税務署さんも分かっているのでしょうかね。どうも中途半端な財産で、中途半端な基準で税金を取られるようで、気分の悪い財産です。お庭に罪はありませんが」

そう言って、ひとまずこの話を打ち切った。内山が今度は二〇年ほど前のことを思い出しながら、

「これは昔のことですが、私の知り合いの税務署マンがいましてね、定年になって庭いじりをするようになった。息子さんは民間会社に勤めていて、庭園にはまったくの興味がない。

昔からの家系正しいご家庭でしたから、庭には二〇本も立派な松の木がありまして、相続の話になったときにその息子さんが『サラリーマンにそんな税金は払えないから、親父の目の黒いうちに庭を片付けてくれ』と怒ってしまいました。

親父さんも気の短い方で、翌日、何十年も育てた松の木を、すべてチェーンソウで切り倒してしまいました」

「へーえ、先ほど冗談で言ったようなことを、税務署員が本当にやってしまったんですか」

「日本の税制も世代に繋がる価値観や文化の維持継承までは考えていません。個人の夢や望み、気持みたいなものにまで金額で踏み込んでくる、無粋なところがあります。人は十人十色と言いますので、個々の家庭の事情まで聞いていられないのは仕方がないところもあるのでしょう。

どうしても気に入らない人は『不服申し立て』をして戦うしかないですね。ばかばかしくて疲れてしまいますが。私も仕事ですから我慢ならないというのなら、お手伝いさせていただきますよ」

第三章　そのときどうする、料亭での話

一、それぞれの専門家が語ったこと

「鈴木社長とは二〇年以上の長い付き合いですが、ゆっくり酒を酌み交わしたことがありません。一度、社長の行きつけの料亭で一献やりませんか」

話が終わり、内山が誘った。鈴木はそう言われてみれば、内山先生とはいつもゴルフではご一緒させてもらうが、ゆっくり酒を酌み交わしたことなどなかった。

「そうですね、それでは二人ではちょっと寂しいですから、ゴルフ仲間の弁護士の秋山先生と不動産屋の野田社長、ファイナンシャルプランナーの神川先生と一緒にやることにしましょう。時間と場所は追って連絡します」

数日後、とある料亭の奥まった一室に集まった五人が「ゴルフ以外にこのように集まるのは珍しいなあ」と言いながら席に着いた。今回の招集をかけた税理士の内山が口火を切った。ちょっと冗談とも皮肉とも取れる言い方で、

「今日集まってもらったのは、この四人の中で一番金をもうけた鈴木社長の悩みを聞いてあげることです。皆さん、それぞれ専門的な立場から聞いてあげて下さい。すでに皆さんも鈴木社長の家庭の事情や会社のことは大体知っていると思います」

秋に出かける旅行の打ち合わせかと思ったら、人生の後始末の話か、仕方がない聞いてやるかと、秋山がにこにこしながらつぶやいた。内山が、

「すでに知っているように、彼は昨年ガンで死にそこないまして、この行く末のことが心配になったようで、私一人が聞くよりもまとめて皆さんの経験や知っていることを話していただいた方が問題解決につながると思いまして、集まっていただいたような次第です」

鈴木社長がチョコを傾けながら、ぽつぽつと話し出した。

「いやーあ、私はこの年まで恥ずかしながら銭儲けのことしか考えてこなかった。家庭のことは女房に任せっきりで、これといった趣味もない。せいぜい月一のゴルフぐらいだ。とても趣味とは言えない」

内山が口をはさんで、

「鈴木社長は、商売が趣味を超えた天職、銭儲けが趣味みたいな人生だからなあ」

「昨年ガンで死にそうになって、つくづく思い知らされました。僕はガンにはならない、ガンはほかの人がなるものだとしか考えていませんでした。医者にこのことを話したら、日本人の二人に一人はガンになるのです、と。びっくりしました。

それから医者に『生活習慣を思い切って変えなければ、またガンになる』と言われました。生活習慣が悪くてガンになったのですから、これからは思い切って今までの生活習慣を変えるようにと言わ

れました」

鈴木が当時を思い起こしてしみじみと話した。

「皆さん、ガンで入院していると、寂しいですよ、惨めですよ、情けないですよ、悲しいですよ、心配ですよ。生き方が変わりますよ。いつまたガンになるかもしれませんし、商売もここらを一区切りにして、身の回りを少し整理したいと思っています」

身辺整理を願っている鈴木は、

「そこで皆さんより、世の中の相続事情について教えていただきたいのですが。皆さんは職業柄、色々なことをご存じだと思いまして」

難しそうな顔をしている秋山弁護士が、

「鈴木社長、長い付き合いですので本音で話しますと、弁護士という職業は、多くの方が親分肌の喧嘩仲裁人のように思っていますが、弁護士は親分でも仲裁人でもありません。むしろ、**もめてくれないと、喧嘩になってくれないと仕事になりません**。喧嘩になったとき、こちらには弁護士というすごい助っ人が付いているぞと見せつけて、喧嘩を売るなら売ってみろと睨みを効かせるのが大きな役割の一つです」

弁護士らしくない本音の発言に全員がきょとんとしていると、

「平たく言えば、時代劇に出てくるやくざの剣客、助っ人みたいなものです。ですから、もめごとや喧嘩になったときは依頼者に非があろうが非常識であろうが、少々疑問を感じるようなことがあったとしても、最大限依頼者の有利になるよう働くことになります。相手方の言い分にいかに反論し、こちらの主張を認めさせるかが仕事です」

さらに語気を強めて、

「特に、財産もめみたいな欲の張り合いで、命の支障に関係のないのは実に旨みのある仕事と言うことができます」

同類だと思われたくない税理士の内山が口をはさんだ。

「鈴木社長、ここが税理士と弁護士の違うところです。税理士は一〇カ月以内に申告を済ませなければならないと常に考えています。この期限を超えると、各種の減税の特典が受けられないばかりか、延滞金も付いてきます。

そして**相続後、家族兄弟が今まで通り行き来ができるように終了したい**と思っています。弁護士さんには申し訳ないが、喧嘩をすれば兄弟で弁護士に費用を払うという情けないことにもなります」

弁護士の秋山が、

「弁護士は勝って評判を上げなければ、次の仕事が取れません。税理士さんは円満に収めて二次相続に繋げなければ、次の仕事がもらえません。相続するという同じ仕事でも、見方やり方は一八〇度、対応が違います」

先代から二代に渡って地元で不動産屋をしている野田社長が、

「お金で済むことで欲の張り合いですから、仕方がないとしましても、その後の法要や母親の葬儀にも出られないほど、難しい事態にになってしまうことにもなりかねません。

昔は親族の中に一党の取りまとめ役の『おじさん』がいて、この人の言うことなら一族がすべて従う風土があったのですが、今ではそのような文化も消えてしまったですね」

内山が「勝っても負けても所詮、兄弟げんかに得はないことになります」と言うと、秋山が「しかし、弁護士は喧嘩になった以上、勝たねばなりません。勝つことが職業優位となります。後のことは関係ありません」と言い、そして、こう続けた。

「弁護士が言うのは変ですが、**この手の裁判は始める前に結論がほとんど分っている**のです。しかし、当事者はやらねば気が済まない。そして、やって虚しさを覚えるだけの調停になるのですが、身内だからこそ起きる人間の性みたいなものです」

不動産屋の野田が土地にまつわる話をしだした。

「日本人の大部分の資産家の財産は土地が基本です。広大な土地を持つアメリカやカナダ、オーストラリアとは違い、日本人には土地に対する愛着が格段に強い文化を持っています。そのために、相続に際して土地にまつわる話は数え切れませんね。

土地が生産手段だった時代の名残が今でも続いています。まずは後継ぎに面積を多く引き継がせるのが習わしです。そして、二男は長男に何かあったときの代役として、少しの不動産ではあるが自宅の宅地と現金を引き継ぐ。二男としては土地が欲しいわけではない、住むところの家があれば、余分に土地があっても草取りや地域の付き合いなどと面倒なことばかりで、できることなら現金に換えてしまいたいのが本音です」

そして、こんな話を披露した。

以前、二男にも少しは農地をと思っていた親が亡くなる前に「二男にも自宅の前にある土地を渡すように」と長男に言っていた。長男は親の言うことを遺言として、二男に自宅前の市街化農地を渡した。ところがその二男は、一年も待つことなく建売業者にその土地を売却してしまった。

本家の玄関前には一区画四五坪の建売住宅が建っている。兄弟仲良くと思って二男に本家の玄関先を相続させたのに、親の気持ちは子供に伝わっていなかったようである。

挙げ句の果てにご近所さんからは「あそこの家は軒先を建売業者に分譲したげな」とうわさされ、集落の人からさげすまれるのは後継ぎの長男である。

現金や債券は嫁に行った女子に財産分けとなるのが常套手段だが、相続財産に現金がないと後継ぎの持っている預金を取り崩して、代償財産として財産分けをすることになる。後継ぎは土地をもらう代わりに、自分の貯金を取り崩しての財産分け。後継ぎといえども、今のご時世ではそんなに貯金がある訳ではない。後を継ぐのも大変である。

妹からは子供の家を建てる土地がほしいから、現金のほかに「土地も付けてくれ」と言われ、売却して税金用にと思っていた土地を妹が持って行ってしまった。農協で納税資金を借入する羽目になってしまった。

さすがに地元で代々にわたって不動産業をしている野田である。土地にまつわることには詳しい。さらにひどい話ではあるが、兄弟からすべて平等にと言われ、親父の土地をすべて共有登記にしてしまった兄弟がいた。兄弟全員の承諾がなければ売却も有効利用もできず、兄弟のもめごとを甥子姪子の代まで送ることになってしまった。

「兄弟は他人の始まり」という諺がある。**共有登記だけは絶対に行ってはならない**のが原則である。もちろん、共有登記としての賢い使い方もある。事例としては早めに試算をして、相続税の総額を事前に感知していた後継ぎは、納税用の土地を用意して共有とした。

親父の相続財産の大部分は土地しかない。わずかばかりの預金は母親が老後の資金に必要だからと離さない。納税は現金であるが、それに回せる金はない。

そこで道路付き一五〇坪の羊羹のように横切りできる宅地を、各人の納税分に合わせて共有登記し、その売却代金で納付を済ませた。誰からの現金出費もなく、不満もなく円満に相続を終了できた。

三番目にファイナンシャルプランナーの神川が話し始めた。「割り切ってしまえば、リッチな生活が待っている」と切り出した。

「日本の習慣に従って財産を守るか、リッチな生活を送りながら、相続も簡単に済ませるかを考えてみましょう。年をとったら、**自宅を処分して駅前のマンションに切り替える**という手もありますよ。昔ながらの日本人にはない考え方ですが、最近ではずいぶん多くなってきました」

自宅を売却し、マンションを三軒購入。そのうちの一軒に住み、二軒を賃貸で貸し付ける。自分たちが死んだら、三軒を財産分けで子供に一軒ずつ相続させる。自宅の売却は居住用財産の売却といって、税金が少なくて済む税制を利用して資金を確保するというのだ。

あまりにも唐突な考え方で、参加者の全員が唖然としていると、続けて神川は、

「自宅の修理だ、近所付き合いだ、草取りにと戸建て住宅は維持するのに大変。割り切ってしまえば交通の便がよく、病院も買い物もすぐ近くにあるマンションの方が格段に便利です」

挙げ句に、家賃収入が入ってくれれば、年金だけの暮らしに比べてリッチそのもの。寒い冬の間はマレーシアのリタイヤメントハウスで暮らし、夏の暑い間はオーストラリアのコンドミニアムで。春と秋はマンションに帰る。

「こんな生活も夢ではない。割り切ってしまえばね」

どうしても自宅を捨てきれない人は、自宅は物置にしておけばよい。電気も水道も止めてしまえば、維持費も少なくて済む。どうせ息子さんたちの代になれば、固定資産税や修理費に金がかかるので、早かれ遅かれ処分することになる。

人が住んでいない家を処分すれば、ただの譲渡所得となり、居住用財産の譲渡の課税の恩典は受けられない。処分するなら早い方がいい。

神川は続けて、

「ついでに、**預金も保険もできる限り窓口は一つにまとめ、管理しやすいようにしておく**こと。株式や債券のように値動きがあったり売却等の手続のいるものは整理しておけば、カードだけで生活でき、財産の有り高も一目瞭然となる。『頭も使わず体力も使わず』いや、使えなくなったときの準備をしておくことです」

神川の思いもしない考え方に、頭では納得しながらも精神的に恐怖を抱くのは戦後からコツコツ財産と思われるものを蓄え続けてきた団塊の世代であるのかもしれない。

財産管理も申告も、弁護士法人と税理士法人、不動産会社との付き合いがあれば、ほぼ大丈夫である。個人の事務所では託した人が先に死んでしまえば、計画がおじゃんになってしまう。**最低、法人格を持つところ**にしておくのがよい。

最後に、税理士の内山が発言した。

「僕の事務所は年間一〇〇件以上の相続税の申告をしているので、色々な人にお会いします。しかし、皆さん親が亡くなってから来るのです。**死んでから来られても死後の手続をするだけになってしまい、節税や老後の生活設計を立てることはできません。**いつも残念に思っています」

そして、付け加えた。

「元気なうちに相談された鈴木さん、『あなたは偉い！』ですね」

二、死ぬまで貫く頑固とわがまま

内山が「最低、今からやっておくべきことを言いますと」と切り出した。その話を要約すると、以下のようになる。

1　相続税の試算　あらかじめ知っておく

今自分が突然死んだら、相続税がどれほどになるかを試算しておくこと。これによって財産の全容がある程度はっきりし、財産分けという子供への財産継承を思い浮かべることもできる。

「まずは現状把握ですね。多くの方が自分の財産内容や相続税の金額も分からないまま、相続対策だと言って、あちらこちらで聞き及んだ節税対策をやみくもに実施しています」

相続対策には大きく分けて「もめないための対策」と「納税のための対策」との二つがある。そして、それぞれの財産の内容や家庭の事情によって対策方法が違ってくる。

「やらなければならない順序も大きさもまったく違うのですが、建築・不動産・金融機関・保険などの業者の言いなりになったり、聞きかじりの思いつきでずいぶん間違っていたり、やらなくてもよいことを、ときにはしてはならないことを、されている方もいます」

まずは全財産を大まかでよいから把握し、正確ではないとしても、九割方は正しい相続税金額や相次相続（第四章四項の各種控除）などで必要となる現金を把握する必要がある。わがままに生きるにはお金も知恵もいる。

2 遺言書の作成　残される者たちのために

「税理士を五〇年もやっていますと、色々な方と出会います。この仕事をしていて難しいことは財産評価でも、税金の計算でもありません。評価も税金の計算も決まりごとですし、最近はコンピュータープログラムがよくできていますから、根気よく進めれば、だれでもと言ったら語弊がありますが、金額計算はできてしまい、大した問題ではありません。問題は親の意思や自分の思いを的確に次の代にどのように伝えるかです」

内山は相続についても積極的に取り組んでいる。その話を聞いた人から、

「先生、主人に（または父親に）遺言書を作るように言って下さいませんか」

こう言われるケースがよくある。遺言書の必要性を理解された方からの依頼であるが、しかし、これが一番難しい。

長い付き合いで気心の知れた方ならまだしも、ご主人をまったく知らないかそれに近い方、時には私の講演会で話を聞かれただけの方からの依頼もある。

これは難しい。ご主人が亡くなって相続で困るのは奥様と、その後を継ごうと思っている息子さんであり、死んでいく方はちっともかまわないわけである。

税理士はさほど困らない、弁護士はもめた方が仕事になる。しかも、死んだ後のを話をして、怒られたり嫌われたりするのでは、誰しも嫌なことだ。困る方が正面きって話をすべきなのだ。

「それでも何度かお話したことがありますが『私の死ぬのを待っているのか』とか『誰に頼まれてそんな話をしに来た』とか『まだ元気だ、縁起の悪い話など聞きたくない』など、ほとんどまともに聞いてもらえません。よほどのことがない限り『良く言ってくれた、さっそく手続きを取ってくれ』なんて、感謝されることはありませんよ」

数年前お昼のワイドショーで、何度も結婚し、その都度、相手の男性に遺言書を書かせて、遺産を手に入れていた方がいた。本当にすごい

人だと思う。夜な夜なベットの上で「私を愛しているならその証に遺言書を書いてね」と言って書かせたと話していた。情熱的な愛がなくなり、ありきたりの愛になったときは危ない。

税理士には遺言書を気持ちよく書かせる力はない。せいぜい「相続のセミナーや遺言書のセミナーに出て、勉強する年になりましたよ」と、やんわりとセミナーにお誘いするくらいがやっとである。

それでも個別相談会では「自分はまだ若い、悪いところはない、後五年もしたら考えるわ」と言われるのが関の山。いこじで頑固な未練たらしいジジイの言い分ということも言えるが、死んでいくジジイには面倒くさくてどうでもいいことなのだ。

「自分が困るのではないのですから。困るのは『息子よ、あなたが困るのだ』です。困る人が真剣に段取りを取るのが世の中のルールなんです。

私の知り合いの多くの方が、いずれ近いうちにと言いながら、急に体調を壊して入院し、慌てたご家族がやむにやまれず『お父さん、遺言書作ってくれ』と頼み、病室のベットで寝たきりの父親の横で公証人さんに来てもらって、遺言書を作ったケースも数知れません」

公証人には口頭で遺言内容を言わなくてはならない。蚊の鳴くような小さな声で、印鑑を持つ震える手を公証人が手を添え、やっとの思いで印を押す。遺言書作成に立ち会う私どもにも辛いものがある。

でも間に合えばいいが、公証人さんと日程の調整をしている間にお亡くなりになってしまうケースもある。本人が元気なうちに遺言書は作っておくべきである。

以上の要約した話に続けて、内山が遺言書で放蕩息子の素行を直した話をし始めた。

「鈴木社長、それから**遺言書は何度書き直してもかまいません**。最後に書いたものが有効となりますから」

息子たちにそれとなく「親父が遺言書を毎年書き換えているみたいだ」と分からせる。親孝行をした者に配分を毎年変えているようだと思わせる。自分のところに有利になるようにプレッシャーを与え、親孝行をするように仕向ける。遺言書の使い方としては面白い。

「息子たちは口もきいてくれず、メールの返事すらない。こうやって息子をからかってやったと聞いたことがあります。事実、相続税の申告書の作成のためにおうかがいしたとき、遺言書が菓子箱の中から何通も出てきてどれが有効なのか、作成日付順に並べた覚えがあります」

遺言書は自分の財産を誰にどのように分け与えるかの法律上の書類だが、その遺言書の最後に「付言」として、自分の思いやなぜこのような財産分けをしたのかなどを書き足すこともできる。

しかし、家族への思いや人生観等は本来「遺書」として残すのが良いだろう。また、遺言書で分けるほどの財産でない身の回りのものは「形見分け」になる。江戸川柳で、

「泣く泣くも　良い方を取る　形見分け」

「泣きながら　まなこを配る　形見分け」

など、形見分けに対する川柳も多く残されている。今も昔も相通ずるものがある。

この形見分けについてだが、男性では高級腕時計とかネクタイピンやカフスボタン、金のネックレスなどが考えられる。趣味の多様化によって、是非もらいたいという形見分けの品は何になるのか。ところが、女性になると車も買えるほどのお召し物だったりする。今時、着物などの衣料品はリサイクル商品にもならないかもしれないが、ネックレス、イヤリング、ブローチ、指輪などとなると、形見分け品なのか相続財産なのか区分のつかないようなものまで出てくる。

二〇カラットのダイヤの指輪、高級な真珠のネックレス。形見分けを通り越し、相続財産として申告しなければならないようなものも出てきたりする（遺言書の種類については後述）。

3 生かされてなるものか　リビングウイルの勧め

同年代の人がガンで苦しみながら死んで行くのを見ていた鈴木が「地獄を味わいながら死んでいく、わがままジジイとしては許し難いことだ」とつぶやいた。ファイナンシャルプランナーの神川が、

「鈴木社長、リビングウイル（尊厳死宣言書）という言葉を知っていますか。日本語で言うと『尊厳死宣言書』です。最近はずいぶん普及してきました。公正証書で作られる方、リビングウイル協会に預けられる方、自筆で書かれて持ち歩かれる方など色々ですが、法的なルールは決まっていません。医者の良心に訴え、最期をみとる医師を法的に守り、家族に精神的納得をしてもらう書類です」

鈴木は「社長はまだ書いたことはありませんか」と突然振られ、「もちろん、そんなものは書いた

ことはない」と答えた。

いまの日本の医学は、とにかく長生きさせることに全力を投入する。長く生かせることが正しい医療と決めつけている法的社会なのである。そのために自分の意思に反し、むりやり生かされることにもなりかねない。

どのように自分の最期を迎えるかを文書として残しておき、自分の死に関する考えや意思がどのようなものであるかを、精神的にも肉体的にも健全なうちに書いておくのが「リビングウイル」である。文面や手続きに関しては後日（第六章）で取り上げたい。

「うまく『ぴんころ』でとか『ボケルことなく』逝けるとは限りませんからね。別れの言葉を交わしながらあの世に行けるのは、テレビ番組の中だけです」

鈴木社長は神川が出した宣言書を見ながら「コピーをくれ、俺も早速、作ることにする」と言い出した。

4　葬儀の仕方は自己流で　事前に周囲と相談しておく

葬儀屋に詳しい神川が話し始めた。

「葬儀のための費用を葬儀屋さんにデポジット（預り金）しておかれる方はいるのですが、葬儀の仕方や葬儀の内容、その後の埋葬については人任せにしておられる。いわゆる片手落ちの方が多いですね。自分のことですから、葬儀に来られた方へのお礼のご挨拶も、喪主がありきたりの文章でするのではなく、**ご自身で事前にお別れの挨拶文を作っておく**のが筋ですよ」

埋葬の仕方も最近は色々ある。家族の人数が少なくなってきているから、お寺でも墓の管理する家族がいなくなり、無縁仏になるものがずいぶん増えてきている。どうするかは自分と奥様とで相談しておいた方がよい。

人間には必ずお別れのときがくる。お別れに際して「露草の夢」「錯覚の人生」などと、それぞれ言われたりもするのだ。

死ぬ間際「手を握り　三途の向こうで　待ってるよ」

泣いた涙も枯れ果てて「すぐ行くわ　別れてすでに　二〇年」

そして、歳月が流れ「死んでまで　あなたと一緒は嫌ですわ」

と川柳好きな神川が披露してみせた。鈴木社長が口をはさんで、

「九〇歳の母親の末子に、この前『おい、ぼちぼち連れ添いの方に行ったらどうだい。こっちが先に逝ってしまいそうだ。息子が先に死んだら困るだろうからなあ』と言ったら、皆さん、母親が何と言った思います」

「『わしゃー一〇〇まで生きるから、お前も頑張れ』ですって。息子孝行の親ですわ」

そして、その次に言ったのは、

「おまえはそんなこと言うけど、**死ぬのは難しい**、ですって」

確かに死ぬのは難しいようだ。ほほえましい、信頼しきった親子の会話だが、内容はすごい。「知らない人が聞いたら、『ひどい息子だ』ときっと思われるに違いありません。超高齢社会を迎えたこれが日本の姿です」

友達や知り合いがすでにずいぶん死んだ。最近、思うのは「みんなうまいこと死んでいったな」と。考えれば考えるほど「死ぬのは難しい」。人生最大の大問題なのだ。

親父も最後はおむつをあてがわれ、「死にたい、死にたい」と言いながら、病院で最高の介護を受けて死んで行った。長生きするのが本当に幸せなのか。なってみなければ分からないが、「死ぬのは難しい」のは事実のようである。

軽く酒も入り、気分良くなった鈴木が、

「今日は良い勉強になりました。ありがとうございました。ところで、今日の授業料のお返しと言ってはなんですが、私がメンバーをしているゴルフ場を取りますので、日頃の運動不足の解消に出かけましょう」

と誘いをかけ、お開きとなった。

「鈴木社長はゴルフが趣味ですが、幾つゴルフ場のメンバーになっていますか」

秋山が尋ねた。

「三カ所です。買ったときはずいぶん高かったのですが、いまでは年会費の元が取れるほど使わないし、メンバー以外でもいつでも取れるようになってしまったから、メンバーとしての価値もほとんどなくなってしまいました。時代も変わりました」

弁護士の秋山が、鈴木社長の方を見ながら、

「バブルの頃はメンバーさんを、私のような会員権のない者はうらやましく思えて仕方がなかったですよ。ところが、いまではインターネットで誰でも取ることができるようになってしまいましたからね」

鈴木社長がうつむきかげんに、

「バブルの頃はゴルフの会員権は上がることはあっても、下がることはないと言われて。ただのプレー権が一千万円を超えたりして、いまから思えばバカみたいに浮かれていました。日本人一億人が熱病にかかっていたようなものです。恐ろしいことです」

税理士の内山が、

「鈴木社長の会員権も多分、大損害を被っていると思いますが」

鈴木がすかさず、

「してます、してます。半値八掛け五割引きの世界ですよ。あはは……」

「鈴木社長、その大損害している会員権でも相続税の対象になります。相続財産は死んだときの価値

によって決まりますので、**過去にどんなに損をした債券でも、どんなに価値が減少している債券でも、そのときの時価で相続税の対象になる**のです。

取引相場のある会員権については、通常は税務署が民間業者のデーターを集めて決め、その年分の取引価格の七〇%で評価することになっています。余談ですが、バブルの頃は、税務署もゴルフ場の会員権価格の評価を毎月発表していました。今では民間業者のデーターには著作権があるために公表をやめてしまいましたが……」

鈴木が憮然とした口調で「それでは会費で損、値下がりで損、相続で損の一石三鳥損ですね」と言

い、昔を懐かしむように、

「かつてはゴルフやるぞーと言うと、すぐに五組ぐらいは集まったものですが、今では三組のコンペを組むのにやっとこさで、一人が抜けるとコンペになら

んときもあります。ゴルフをいまでも趣味にしているも者としては情けない時勢になりました」

秋山が「そう言えば」と話を継いだ。

「鈴木さん知ってます？　この前、以前行った三六ホールある立派なゴルフ場へ久方ぶりに出かけたら、九ホール分、太陽パネルがずらっと並んでいるじゃないですか。これにはたまげましたよ。ゴルフ場で儲けるより、電気を売って儲ける方が率がいいということですよね」

「あのバブルのときの賑わいぶりは同じ日本のできごとだったのでしょうか。それとも山の狸に化かされていたのでしょうかね」

にこにこしながら野田が、

「昔は狸にだまされて、今では賢いカラスに置き引きされて、これから二〇年もすると猿がゴルフしているのかもね」

こんな取りとめのない話をしながら、プレーが始まった。

三、愛犬に相続させたい

ゴルフを終わった四人が居酒屋で反省会と称して飲み会を始めた。内山の雑談内容であるが、

「相続税の課税対象となるのは『物』です。将来発生するかもしれない儲けや人間は課税対象となり

ません。ですから、息子や娘にかけた教育や知識、あなたの持っている人脈や地位や名誉は相続税としての財産にはなりません」

そう言えば、昔、総理大臣にカラスだかハトだか言う方がいた。いい年をして、総理大臣になりたいと言って、母親だかおばあさまだかに何億円も金をせびって、大臣になった方。

あのとき、贈与税がかかると思ったのだが、何か知らないうちにうやむやになってしまい、贈与税を払ったとは報道されていない。きっと、大臣になるための教育費・生活費と解釈されて、贈与にはならなかったのではないか。本当は支払っていて、報道されなかったのかもしれないが。

できの悪い息子に何億円使っても、残っていなければ、贈与税の対象にはならない。昔から「バカな息子ほど可愛い」「馬鹿な息子でも取り換えはできない」という言葉がある。

「鈴木社長、立派な息子さんやお綺麗な奥様は、財産と言ったら怒られますが、どんなにお金をかけても税金の心配はありません。それから、個人的な地位や名誉・人脈なども、生きていくときにはとても重要な財産ですが、これも心配ありません。息子さんの教育費や奥様の若返りのお化粧、酒を飲み飲み作り上げてきた膨大な人脈も、財産には入りません。

ですから、**子供の教育に全財産をかけるのは最強の相続税対策**と言うことになります。もっとも、その息子や娘、孫が親の言うことや願いをかなえてくれる保証はありませんがね」

突然、神川がここで一句。

「おーいご飯　ポチより後に　回される」

「亭主より　ポチの衣装に　金をかけ」

「夫婦仲　ポチのおかげで　繋ぎ止め」

最近は家族同然の犬や猫もいるが、**犬や猫は人間と違い財産なので、日本では相続税の対象になる。**

犬屋さんのショッピングウインドウでは何十万円とかの値札が付いているが、その財産価値は生物としての減価償却価値となってしまう。お手ができても、ボール拾いの芸ができても、財産価値に変わりがない。もう少し、高齢化社会になると変わるかもしれないし、犬や猫に財産相続させる時代がくるかもしれない。

「この犬の最期をみとる方に、私の全財産を相続させるなどと、犬猫代理相続とかね」

「犬猫は別として、相続税は物税なんですね」

内山が「そうです」と続ける。鈴木社長が、

「それなら会社は法人格としての活動しているのですから、個人と同じで相続税の課税の対象にはならないのですか」

すかさず内山が、

「鈴木社長、確かに言われることは分かりますが、会社という法人には相続税はありません。会社はゴーイングコンサーンと言って、未来永劫に永続する組織として人格が与えられています。

ですが、現実の世界では倒産や廃業などで会社が終焉を迎え、人間の死亡と同じように終了することが当然に起きてきます。そのようなときは相続ではなく終了として解散しますので、株主への財産精算として法人税が課税されることとなっています。ここが人間と法人の違いです」

内山が株式についても説明し始めた。

「鈴木社長が経営している会社は、確かに法人としての人格で活動していますが、その価値を『株式』という財産に置き換えることができます。そして、その株式は株主が財産として保有していますので、株式が故人の相続財産として課税の対象となってしまいます。

人間も会社と同じように株式のようなもので評価に置き換えができると面白いですね。せいぜい学歴とか、職歴とか、役職とか、勲章とか、犯罪歴程度でしか評価するしかないのが世の習いです」

「ああ、ごめんなさい、俺はこの程度の人間かな、などと言って」

「老人ホームに入ってまで、俺は昔は社長をしていた、専務をしていたと言っている人がありますよ」

「そうですね、身近にも俺は校長だ、市会議員だと言って力んでいるジジイがたまにいます。この人の人生を否定するのではないのですが」

「『あなたはいまならいくらです』なんて言われたら。そんな時代も来るかもしれません」

内山がそんなたわいもない話をまとめるようにして締めくくった。

「もちろん、会社には色々な財産がありますが、会社の株式評価をする際には、会社の保有する有形財産や金融債券、貸付債権で行い、会社にとって最大の財産である従業員は人間ですのでどんなに優秀で、もどんなにすごい技術を持っていても、課税財産に評価されることはありません」

そのうえで、内山は会社のもうけについて、

「社長の会社は毎年相当の利益を計上している優良企業ですが、その収益力についても課税の対象にはなりません。収益力は物ではないからです（ただし、法人ではなくて、個人事業で専従者給与も多額で膨大な利益を上げている人が死亡した場合、その収益力が「営業権」として相続財産となる場合もある）。

面白いことですが、会社を売り買いするM＆Aのときには、この収益力や従業員の技術力、定着性などが財産評価の対象になるのですがね。ところで鈴木社長、ご自分の会社の株式がいくらに評価されるか調べたことはありますか」

株式市場で売買されない同族会社の株式も、財産評価して相続財産となる。自分の会社の株で売却することもままならないのに、何億円もの財産評価となれば、相続税で自己破産しかねない。

「タコが自分の足を食べて、死んでしまうようなものです。それに、会社の後継ぎ以外の相続人が株式を持つことになれば、同族会社の経営者は会社運営にとても制約を受けて、経営自体が困難に陥ってしまいます。一度、自社株の評価をして、株式の評価額を確認して対策を講じる必要があります」

四人は内山の話をまともに聞いていた。重要なことではあるが、あまりにも難しい話に少々、悪酔

い気味である。

四、三世代たてば、みな平等

「鈴木社長、なぜ相続税なるものがあるのか、少し余談ですがお話ししておきましょう」

と内山が話し出した。それをまとめると次のようになる。

1 財産が貯まるのは個人の努力だけではないという考え方

個人のもとに価値ある財産が貯まるのは、国が安定しており、平和であることが重要な要素である。土地や株式の価値が上がるのも、経済が活発に行われる仕組みが国によって作られているからだ。

また、財産を生み出す知恵や知識には学校教育等が充実して行われる仕組みが必要になってくる。よって国の貢献度を回収する税の仕組みとして考えられている。

2 所得税の課税漏れの最後の回収という考え方

個人の所得税は十種類の所得区分に応じて毎年、確定申告で課税されているが、すべての収益を平等に課税することはできない。どうしても長い間には課税漏れや不平等課税が発生し、特定の人に財産が蓄財されてしまうケースが起きてくる。

例えば、宝くじで三億円当たったとしても所得税は課税されないが、その宝くじで得たお金をもらった人が亡くなったとき、貯金や土地などの財産に代えて残っていたら、相続税として課税されることになる。

結局、宝くじで儲けた金も、競輪・競馬で儲けて「だんまり」で隠しておいたお金も、最後の精算としての相続税で課税の対象にするという考え方である。「あぶく銭」はぱーっと使ってしまわないと損ということになる。

3 富の集中を防止するという考え方

古今東西、金持ちの家庭は永遠に金持ち、貧乏人の家庭は永遠に貧乏人という図式が続いてきた。いまでもそのような国も多くある。

しかし、日本は戦後の民主主義社会になってからは、国民は原則みな生まれながらに平等ということになった。当然、建前的なところもあるが、長い目で見れば平等感は着実に進んできている。どんなに金持ちの家に生まれても、三代も過ぎればただの平民。どんなに貧乏な家庭に生まれても、本人の努力と才能によって大金持ちになれる。そういう社会の仕組みができてきた。

もちろん、お金持ちの子供がより経済的に成功する確率は今でも高いのだが、相続税の課税システムで、努力もしない所詮「ボンクラ息子」では、親の七光りの財産だけで未来永劫に裕福に暮らしていくことはできなくなった。努力した者が報われる社会システムとしての相続税の考え方である。

4 不動産等固定資産の再利用、再配分システムの考え方

特定の人間が土地などの再生可能性のない不動産を独占することは、経済活動や文化活動などを活性化し、国民全体の財産を有効に利用して公共の利益を追求するためには障害になる。ここに有効に活用できる人物へ再配分するシステムを作る必要が出てくる。

保有する不動産に課税される固定資産税や相続税が払えない人を、有効利用できていない人だと一定の基準を設け、有効利用できるように相続というタイミングで資産を再配分する仕組み。これを相続税で行おうという考え方である。

以上のようなことで、相続に際して税を課しているわけである。

ところが、規則ができればそれをかいくぐろうとする人間が出てくるのも世の常。合法的な相続税の節税対策や将来をにらんだ租税回避対策という、ちまたで研修会と称して行われているセミナーや

書籍はずいぶん多い。

当然、合法的な範囲内なら問題はないのだが、中には非合法の財産隠しの脱税に走る者もいる。それを取り締まるのが税務署という行政機関である。この行政機関が行う税務調査については別の機会に取り上げてみたい。

内山の話がいったん止まった。冷えたビールを一気に飲み干すと、今度は自分の職業の限界について愚痴めいてまたもや話し始めた。

五、税理士なんか当てにするな

「日本は世界的にもまれに見る資格国家です。行政指導の名のもとに、数え切れないほどの資格が存在します。そして、それぞれの資格によって行ってよい仕事、してはならないことがきめ細かく決められています。とくに国家資格では法律上できること、できないことが決まっています。中には似通っている名称で、素人には業務範囲が分からないような資格も多数存在しています」

税理士に頼んでおけば何でもやっておいてもらえると思っている方が多いが、決してそうではない。税理士のできないこと、してはならないことは、税理士法で決められている。

税理士は相続に当って相続税の計算をするのが仕事で、極端な言い方をすれば、それしかやってはいけないことになっている。

「色々なケースの相続を見ていますから、ずいぶん知識は多いのですが、助言というか、コンサルというか、決定権のない世間話のような寝言しか言えません」

例えば、どのように財産を分けるかなどを、相続人に変わって決めることはできない。将来に憂いのないような財産分けや、相続後の所得の発生、次の相続のときのことを考えて、税金や債務の負担、老後の経済的生活の心配などを考えて分け方などを相談されれば対応は可能だが、家族の思いや兄弟の利害をはらむようなことにまでは口出しできない。

親の財産分けは家族兄弟のそれまでの人生や思い出が詰まっていることで、相続人が納得して分割相続すべき問題である。親子兄弟の争議行為に税理士は介入することが法律上できないのだ。

税理士は弁護士とは違い、争議行為、いわゆる「もめごと」の仲介や処理の仕事はできず、弁護士の独壇場となる。そんな仕事を税理士が行うことは弁護士業への職域侵害として、弁護士法違反になってしまう。このようなことについて税理士を当てにしてはいけない。

多くの方が、税理士は税金を少なくしてくれる、と思っている。この考えは一面では正しいのだが、正解とは言えない。**税金を減らすには三つのやり方がある**。

一つは節税。法律の範囲内で、特例や判例を参考にして、できるだけ少なくなるように計算する。

二つ目は租税回避。将来発生する、あるいは発生するかもしれないことを予測して、課税が発生しないように、発生しても税率の少ない課税になるように、また登記事項に関しては登記手数料などが発生しないように工夫する。

三つ目は脱税。法律なんかお構いなしに、誤魔化し隠す。これなどは明らかに直接的課税逃れである。

確かに法律はすべての人に一律に網をかけるので、納得できない、気に入らない法律も当然ある。しかし、民主主義の世界だ。自分にとってはとんでもない悪法でも法は法、従うしかない。日本にいる限り、日本人である限りは。

日本人は法律にはとても真面目な人種である。自動車が見える限り来ないところの赤信号でも、じいっーと青信号になるのを待っている。外国人から見ると実に不思議な、滑稽とも言える光景だそうである。

日本でも「赤信号　みんなで渡れば　怖くない」と言わたりもするが、歩いているから問題なく言える言葉だ。それで事故が起きたとしても、自由人としての自己責任の範囲内ということになる。

しかし、これが自動車だと自己責任ではすまない。夜の夜中に一台も通らない赤信号でも、信号無視をすれば道交法違反、狸しか出ない山の中の道でも、酒を飲んで乗れば飲酒運転として厳重に処罰の対象とされる。

脱線してしまった。話を元に戻そう。

税理士はこのうち一つ目の節税と二つ目の租税回避しかやることはできない。三つ目の脱税指南に手を出すことは専門家が犯罪者に手を貸すことになってしまうので、社会的に許されるものではない。手を出せば自身も自ら飯の種を失ってしまうことになる。

一人のお客さまのために、人生の仕事を失いかねないので、これはできないし、しない。どうしても決まりに従いたくない方は、まず税理士にも見つからないテクニックを身につけなければならない。しかも、税務署に発見されたときは、重加算税や延滞金などの高額な罰則が待ち受けていることを覚悟しておかなくてはならない。ばくちが好きな方には魅力的なことかもしれないが、決してお勧めできるものではない。

内山の話は止まることなく、ついに相続税の計算方法にまで進んだ。

第四章　相続税の計算はこうする

一、宗教用の道具には掛からない

相続される財産の中で、ずいぶん高価なものでも課税されないのが「宗教道具」である。一般的には仏壇やお墓だが、仏壇も仏壇屋さんに行けば何千万円のものからあり、その中に入れる仏具にも限りがない。旧家や田舎では仏間があるほどだ。

都会育ちの方には想像もつかない世界だが、日本人の文化として、各地で先祖を供養する風習として残っている。このような**「日常礼拝」の用に供する宗教的な財産は、先祖代々受け継がれるものとして、どんなに高価なものでも原則、相続税の課税対象にはならない。**

原則と言ったが裏には、最近この非課税の制度を悪用して、金の塊でお鈴を作ったり、仏像を作ったりといかがわしい先祖供養をされる方がいるようで、昨年には純金でお鈴を作る、純金無垢の観音様をお作りしましょうなどとの新聞広告も入った。中には数億円を下らないものもある。

純金なので溶かせば金の延べ棒になる。もちろん、納められているお仏壇や、収集される方の所得や資産状況、先祖の家系の状況、職業や社会的地位から見て、ふさわしいならそれも問題なかろうが、お鈴、お位牌や観音様が金庫の中に納められていたり、日常の礼拝の用に供されていないようなら、宗教行事用の仏具とは認められないことも考えられる。あまりにも目に見えすいたお宝は問題になりかねない。

また、価値としてはこの逆で、時価一千円もしない壺を数千万円も出して買われる人もいる。その壺を時価一千万円だと言って税務申告すれば、税務署は自主申告制度だから何も言わずに受け取ってくれる。だからと言って、国家がこの壺の価値を一千万円と認めてくれたわけではないので、壺の評価証明書を発行してくれることはなく、国家お墨付きの財産となるわけでもない。宗教とは無関係の者には不可思議な世界である。税務署としても取り扱いに苦慮しているようだ。

「酒の上の冗談での話ですが、こんな方がいました。『俺が一生懸命貯めた財産だ、死んだ後、国に税金で取られるのも口惜しい。かといってバカ息子どもにダダクサに使われてしまうのも腹立たしい。

お墓には相続税がかからないと聞いたから、バカデカイお墓を作ってしまうとか、お寺を買い取ってしまうとか』。確かに名案です。お寺もお墓も相続税はかかりません」
聞いたところによれば、最近は宗教法人の設立や買い取りに

より、個人財産を出資金にして、信仰だか趣味だか分からない観光施設を作り、税金のがれではないかと疑いたくなるようなものもある。また、**財団法人にして個人で収集した書画や骨董品を、相続税から守る**手口なども行われるようになったそうである。

このごろは一極集中とかで大富豪となる人も多いようだ。相続税のがれの手口も今後ますます複雑になっていきそうである。

ピラミッドや中国の兵馬俑、日本なら金閣寺や清水寺みたいに極端にお金を掛けてしまえば、その後に拝観料として収入も確保でき、バカ息子どもが財産も失わず、税金も取られずに子々孫々長く継承でき、一石二鳥、いや三鳥になるというのだ。あまりにも熱心にお話されるので、

「それは良いアイデアですね。お役人もそこまでは考えていないですから、先手必勝ですね」

と褒め称えておいた。人間、終わりに近づくと、色々考えるようだ。

葬儀と仏壇に関しては、葬儀前後に起きる誤解を招く点が二点ある。

1　仏壇や仏具、墓地も未払いでは控除とならない

ご自身がどうも余命がいくばくもないと判断して、それまで立派な仏壇がなかったので、これから自分が入るのだからと、あわてて買われる方がいる。しかし、その支払いが済まないうちに亡くなってしまうことがある。

そうなると代金は未払いとなるが、これは「債務」として控除することができない。その理由は、仏壇が非課税財産となるのに対応しているからだ。墓地や仏具でも同じことが言える。

仏壇もお墓も元気なうちに取り揃え、代金を決裁しておかなくてはいけない。お気を付け下さい。

2 戒名や香典返し、初七日などの法要代も控除できない

親の葬儀の後、子供たちはお父さんが入る仏壇だからと言って、みんなで立派な仏壇と墓石を用意した。仏壇もお墓も非課税財産だから、その使った費用も相続の費用として控除できるのではないかだが、これも前述の1と同じく、残念ではあるが認められない。

相続税の申告で葬式にかかった費用を控除できるのは、葬式に伴い必然的に必要なものしかできないことになっている。お寺さんは葬儀には欠かせないので、お寺さんに支払ったお布施は控除の対象になる。あくまでお布施なので、ときには領収書のないこともあるが、支払った金額は記録してくべきだ。

また、支払いの中身もお布施なので、細かい明細のないのが普通である。檀家の格付けによって支払い金額は異なろうが、社会的な習わしなので、宗派やその地方の習慣等によってずいぶん金額に格差が出てくるのはやむを得ない。

最近ではお寺さんが明細を付けてくれるところもある。お坊さんの参加人数や戒名、その他経費等、このような明細が付いている場合はお布施一式とは少々色合いが違う。

戒名などは控除の対象にならないことになってしまう。戒名は宗派によっては付けないところもあり、生前に付けていただくこともあるので、葬儀のときに戒名代として別扱いすると、控除の対象にはならない。お布施と労働対価や無形の価値に支払う財産とは若干の違いがある。

日本の文化と税法の狭間には解釈の違いがあり、仏壇はなくても葬式はできる。このようなことから、香典返しの費用や初七日、四十九日の法要なども葬式の費用として控除できないことになっている。

「なんだか訳の分からない日本文化固有の『お布施』というのがいいですね。鮨屋の時価と同じようなもので、客の顔を見て金額が決まる。スリルとなんとなく奥深い価値を感じます。一皿一〇〇円の味気ない人生を送る者とのステイタスの違いも、私は感じられてしまいますよ」

内山は天井を見ながら、妙に納得したような表情だった。

二、相続財産から控除されるもの

死んだ親から引き継ぐものは何もプラスの財産ばかりとは限らない。借金や債務などマイナスの財産も引き継がれる。親父のマイナスの最大の財産は、近所周りの悪い評判だ、などというのもあったりするが、これは控除の対象にはならない。

これを聞いていた鈴木が口をはさんだ。

「女房に常に言われています。『あなたの最大のマイナス財産は近所の悪い評判です。私はたまに恥ずかしくて外を歩けないときがあります。品良くして下さい』と。何が悪くて女房が怒っているのか、分からないが困ったものです」

亡くなった方の債務で確実なものと言えば、まずは銀行などからの借り入れ、病院の治療代での未払い金、固定資産税や所得税などの税金が代表的なものとなる。葬式は死んだ人が行うことはできないのは当然で、残された家族が執り行うものだが、これは死んだ人の財産から控除してもらえる。**あくまでも葬式の費用だけなので、葬儀の後の法要や香典返しなどは、控除されない。**

反対に、葬儀で受け取った香典は本来、亡くなった人へのお礼や感謝の意味も含まれているが、残された家族に対する弔意の品として、亡くなった方の財産に入れられることはない。

三、財産をどう分けるかは俺の勝手だ

「相続財産の分け方は法律で決まっている」とはよく言うが、正確ではない。財産分けの話に入ると、いままで内山の話を黙って聞いていた鈴木が突然言った。

「俺の財産だ、俺がどのように分けるか、国がとやかく言うのは筋違いだ。大きなお世話だ」

「その通りです鈴木さん。自分の財産を誰かにあげてしまおうが、捨ててしまおうが、当然あなたの自由です」

しかし、国が困るのは、あなたが死んだ後、あなたがほったらかしであの世に逝ってしまった後始末である。「俺の勝手だ」と言われるなら、死んだ後の始末もご自分でしておいて下さい、と言うことになる。

「立つ鳥、跡を濁さず」という諺もある。死んだ後のことは妻と息子に任せるなんて都合のいいことを言っておいて、親子兄弟がもめて社会不安に繋がったり殺人事件になったりしたのでは、行政も金がかかって仕方がない。

このような事態を防ぐには、何もしないで死んでいく人の財産分けについてのルールを決めておく必要がある。国の定めたルールに従いたくない人は自分で勝手に財産を処分するなり、処分方法を決めて書き残してくべきだ。この書き置きが遺言書ということになる。

自分で自分のことを決められない、決めたくない人はほったらかしで死んでくのも良いだろう。困るのは死んだあなたではなく、残された妻や子供たちだ。ほったらかしにして死んでいきたいあなたのために、民法で決められている国の財産分けの方法について若干説明しておこう。

1　法定相続分　民法の考える相続分について

配偶者（妻または夫）と子供が相続人の場合、配偶者が二分の一、子供が残り二分の一を取る。例えば妻と子供二人なら、妻が二分の一、子供がそれぞれ四分の一ずつとなる。

子供がいなくて妻と父母の場合は、妻が三分の二、父母が残り三分の一となる。妻がいなければ父母が全額受け取ることになる。

父母が死に絶え、子供がいなくて妻だけだとすると、死んだ夫の兄弟姉妹が登場してくる。妻が四分の三で、残りの四分の一を兄弟姉妹が分け合う。妻にしてみれば、なんで旦那の兄弟が出てくるのということになるが、民法は明治時代の社会制度の中から出来上がった法律である。現状にそぐわないことも色々出てくる。

こんなの嫌だと言われる方は、遺言書を作っておけば、防ぐことができる。また、妻に一撃を食らわせたい方は遺言書を作らないでおくのも奥の手ではある（平成二八年、法相の諮問機関「法制審

議会」が配偶者の居住権確保を盛り込んだ民法改正案を平成二九年に国会に提出する見込みである)。

2 遺留分　子供はもらう権利がある

どんなできの悪い子でも、親不幸のバカ息子でも、親の財産を最低限もらえる権利が遺留分である。昔は親に反抗するような息子は「勘当息子」として親子の縁を切り、放り出したものだ。

しかし、戸籍制度が完備し、子のできが悪いのも親の育て方にも問題があるなどと、寛容な世界になった。民法上もらえる権利の半分が、この遺留分財産権ということになっている。

遺言書であんな親不孝者には俺の財産をびた一文もやってなるものかと書いておいても、そのバカ息子が裁判所に「遺留分減殺請求権」を行使すれば、ほぼ間違いなく受け取れる権利だ。昔ながらの「勘当」の手続きは、ちょっと親子喧嘩したり、気に入らない行為をされたぐらいでは、裁判所は認めてくれない。

最近よく聞く話だが、息子がだらしなくて嫁の言う通りになり、嫁が孫を抱かしてくれないとか、息子がおかしな宗教に入信して、家の財産を全部持ってこいと言われている、などというのがある。

息子との「縁を切る」と言って相談に来る人がいるが、こんなことでは勘当の手続きを裁判所は認めてくれない。親子の縁切りのハードルは相当高いものがある。

自分の財産をバカ息子に取られるのは我慢しがたいこととしても、長い人生どこでどのように親子関係が変わるかもしれない。所詮、親子なのだから、遺言書はいつでも何度でも自由に書き換えができる。また、どのようにでも書くことができる。遺留分のことなどお構いなしに、自分の思った通りに、思いつくままに、自分勝手に作っておくのが一番精神的に良いことだ。

死後、裁判になろうが死んだ後なので、どうでもよいこと。遺言書がなければ、愛する息子とバカ息子が同等の権利で戦わなくてはならない。「法律なんか関係ない、俺の財産だ、俺が勝手に決めたい」というのなら、遺言書を必ず書いておくべきだ。

少々酩酊している野田がブツブツつぶやいた。

「同じ子供たちでも、可愛さは色々あるし、長い間には親子関係も色々ある。できの良い子もあればいまだに心配な子もいる。総合的に判断するのは俺だ。なんで国がとやかく言うのだ、クソ面白くない法律だ」

この遺留分の権利はとても強いものだから、**遺留分を行使できる相続人は配偶者、直系卑属（子供）、直系尊属（親）に限定されている**。兄弟姉妹にはない。

先ほども述べたが、子供のいない夫婦のいずれかが亡くなると、亡くなった人の兄弟にも相続権が発生する。旦那が亡くなったら、その妻と旦那方の兄弟ということになる。

昔ならいざ知らず、現代社会でなんで主人の兄弟が出てくるのか。今ではまったく理解できない法律だが、しゃしゃり出てくることになる。これを防ぐには全財産を妻に（全財産を夫に）という遺言書を作っておけば、この遺留分の請求権はなくなるので、財産持ちの配偶者の方は遺言書を作らせておく必要がある。

四、相続税には各種の控除がある

前もって、お断り。これより先、第四章の終りまでは相続税の実務計算となる。気分の乗らない方は第五章へとお進み下さい。

1 基礎控除　生活を守る最低限の権利

税金の計算をするにあたって、その所得なり資産なりの基本的部分を計算から外し、個人の最低限の権利みたいなものを守るために基礎控除がある。相続税の計算に当っても、この最低限の基本的財産権を守るものとして基礎控除が設定されている。

平成二八年六月現在、相続税の基礎控除は亡くなった一人に対して三千万円、それと相続人一人に対して六〇〇万円が基本となっている。だから、法定相続人が四人なら三千万円＋六〇〇万円×四人で五四〇〇万円が基礎控除になる。

2 未成年者控除　成年になるまで保護

相続税には未成年者控除なる不可解な控除がある。親が死んで、その子供が二〇歳になるまでの年数分は税金を少なくする、ということである。

最近、選挙権が一八歳に引き下げられた。未成年とは何歳までか。大学生の一般的卒業年齢は二二歳、その後も就職できないフリーターもいる。実にあいまいな控除ではあるが、お上の温情控除である。

相続人の中に未成年者がいる場合は未成年者控除も受けられる。相続人の未成年者が二〇歳に達するまで、年間一〇万円の税金を控除してもらえる。ほんの少しではあるが、控除の対象になる。

3 障害者控除　わずかではあるが特典

相続人が相続の時点で心身障害者である場合にも、少しだけ税額控除していただける。一般障害者は一〇万円×八五歳になるまでの残り年数分を、特別障害者は二〇万円×八五歳になるまでの残り年数を控除してもらえる。

相続後にご主人を亡くして精神障害者になっても、遡って控除してはもらえない。ちょっと納得いかないが、そう決まっているので仕方がない。

4 相次相続控除　相続税の二重課税を排除

聞きなれない控除に相次相続控除というのがある。「お父さんが亡くなって、悲観した奥様が追いかけるようにして亡くなる」なんていう話はあまり聞かない。未亡人、未ダ亡ビザル人などという言葉がある。女性に対するもので、これに匹敵する男性のものはない。実際に「奥様が先立ち、残されたご主人が元気をなくして、一年後にお亡くなりになった」たぐいの話はよく聞く。

相続を受けた者が続けて亡くなる。父親の後を追うように母親や息子が亡くなったような場合、次々と相続税が追いかけてくることになる。相続税の二重課税排除の観点から、前回の相続税の一定割合を今回の相続税から控除する制度である。

5 配偶者の税額軽減　財産の三分の一か一億六千万円まで

控除とよく似ているが、これは控除ではない。課税免除というか、課税の繰り延べみたいな制度である。

配偶者（一般的には奥様）が相続した財産からは相続税を徴収しないというか、奥様が亡くなるまで課税を繰り延べておく軽減処置である。亡くなった方、一般的にはご主人の財産は夫婦で形成してきたと思われるので、その財産の二分の一までか、一億六千万円の多い方までは相続税を課税しない方式が取られている。

配偶者である奥様（たまには旦那様）が、後日死ぬまでの間、相続税の課税を待つことになる。当然、未亡人の間に財産総額が基礎控除以下になるまで使い切ってしまえば、次の相続人、一般的には子供たちには相続税がかからないことになる。配偶者の老後の生活保護の要素が含まれている軽減処置と言える。

税法的に正しい死ぬ順序としては、財産のある者が先に死に、ない者が後から死ぬのが税金が少なくて済む正しい死ぬ順序となる。たまには逆になってしまい、大損害をこうむることにもなる。「ぽっくり往生のお寺」にお参りするときには、死んでいく順序も頼むようにしたいものである。

この軽減処置をとるためには、配偶者のもらい分が決まっていなくてはならない。相続もめで財産分割が決まらない場合などで、配偶者のもらい分が決まらないと、この軽減が受けられなくなってしまうので要注意だ。

五、国家が付けた奥様のお値段

相続税の計算は所得税の確定申告とは違い、一人一人のもらい分に応じて計算する方式ではない。亡くなった方の全財産を一覧にして、その総額から基礎控除などを引き、相続人の数で一定の按分計算をして、税額を掛けて出てきた金額をまたもや集めて各種税額控除を行い、その残り金額を各自のもらい分に応じて按分する。とても複雑な計算方式である。

中には俺は基礎控除の一人当たりの六〇〇〇万円以下の財産しかもらわないのに、税金がかかるのはおかしいと言われる方もいる。そのように思うのは当然のことだが、全財産に相続税が掛ることになれば、たとえ一〇万円だけもらったとしても、もらい分の按分で税金が付いてくる。これが「**総額相続計算税金按分配布課税方式**」と言われるものだ。

最近は一家という概念より個人主義的な考えが浸透してきたので、いずれ「もらい分個別計算方式」

になるかもしれない。このような繁雑な計算は税理士に任せておくとして、本題である「奥様のお値段」を国がどのように値踏みしているかである。

「夫婦で貯めた財産の半分が妻のもの」「奥様の主婦としての労働対価を金額に置き換えると」などと、テレビの奥様向け番組が取り扱ったりしているが、相続税という国家が決めた法律の中には奥様の価値が金額で出ている。旦那の財産の半額まで、または一億六千万円までは課税しない。課税しないということは、奥様の固有財産で相続税として課税することをはばかるということに他ならない。

どこで誰が一億六千万円と決めたのかは知らないが、奥様の最低価格が一億六千万円とも読み取れる。旦那が亡くなったとき、一億六千万の財産が残っていなければ「甲斐性なしの旦那」とも言えるわけだ。

これには異論も色々あると思うが、「甲斐性なし」と言われないように一億六千万円まで財産を貯めなくては、奥方に何を言われることになるやら、である。

第五章　これが税務調査の実際だ

一、初めは猫かむりでやさしく

税務調査について鈴木社長が尋ねた。一番気になることだ。

「内山先生、相続税の申告書を出すと、会社の調査と同じように、税務署が調査に来るのかね」

「ついでですから、税務調査とそのエピソードについてお話しましょうか。何かの参考になるかもしれませんから」

こうして話が始まった。

相続税の税務調査は企業に対して行われる税務調査とは根本的に違う。企業や商売をしておられる人に行われる税務調査は、個人課税部門や法人課税部門の調査官が、過去の申告内容や同業他社との内容を比較しながら、また景気状況の良い業種や脱税温床業種などを検討して、しかも定期的に継続して調査に来る。

だから税金を納める納税者側も商売をしている以上、そのうちいずれか税務署がやって来るものだと心しており、事業内容の明細や帳簿を完備しておき、調査時の質問にいつでも答えられるように準備している。

しかし、相続税の税務調査はその申告した方の大部分が税務署とはほとんど無縁の人生を送ってきた人だ。税務署がどこにあるのかも知らない、どんな仕事をしているのかも知らない人が大部分である。そんな状況のところへ税務署が調査に来るとなると、まるで強盗でも来たほどの大混乱をされる人がほとんどだ。

何を聞かれるのだろう、私は何も悪いことなどしていないのに、なぜ来るのだろう。税務署から調査におうかがいするという電話を受けてから、夜も眠れなくなり、中には体調を壊される人もいる。

会計事務所をしている内山はこう答えることにしている。

「そんなに心配しないで下さい。命まで取ってはいきませんから。調査に来ても何も問題ありませんでした、と帰られることもしばしばありますので、と気持ちを落ちすかせるのにずいぶん気を配ることになります」

鈴木社長は長年、商売をしてきたから、すでに何度も税務調査を受けたことがある。さほど心配してはいないとしても、相続人の家族は経験がまったくないので、ずいぶん心配されることになる。

「えっ、税務署は私（ここでは鈴木、一般的には同居の後継者や主たる財産を受けた人）以外にも質問するのですか」

相続の場合は、相続人全員が申告者だから、税務署が何か不信を抱けば、全員に質問するかもしれない。特に配偶者の奥様は高齢者なので、ものすごく緊張されやすい。健康にも影響しないかと心配なところもある。

税務署の調査官も、申告された相続人との接触が初めてなので、どんな性格の方かまったく分からず、緊張して出かけてくる。しかも、事業経営者と違いサラリーマンの方（であった方）もいる。会社を休んで税務調査に対応しなければならないこともあり、有給休暇を取るなどしなければならない。当然、国家権力の不条理を嘆く人も出てくる。

「車関連の会社で現場の責任者をしておられる方が言いました。残業、残業で計画生産達成のために休みも取れない。親が死んだときでも責任者なので、二日しか休み取れなかったのに『なに、朝一〇時から夕方四時ごろまで空けてくれだって。ふざけんじゃーないよ、どういう中途半端な働き方している奴らだ。税金を払っている俺が会社を休んで、税金で飯食っている奴らの都合に合わせる、まともな常識では理解できない』と怒った人もいました」

その気持ち、分かります。何も私が謝ることではないのだが。

気の毒ではあるが、これは資産家の宿命である。日本は官尊民卑の社会制度で、決まりごとなので、やむを得ないこともある。

相続税の税務調査について簡単に説明すると、**まずは調査の日の日程を会計事務所を通して調整する**。一般の家庭が多いので、税務署の人も連絡が取りにくかったり、相続人以外の人がご家庭にはおられるので、余計なトラブルを避けるためにも、申告書を作った会計事務所に連絡してくる傾向が多い。一般的には一日から二日程度で終了する。

朝一〇時ごろ一名または二名で出かけてくる。調査の場所は亡くなられた方のご自宅、調査時にご自宅がなければ配偶者のおられるところか、後継ぎ（財産を一番多く引き継いだ）人の家。

調査に入る前に、仏壇にお参りされる調査官もいる。もちろん、税務署員は財務省の公務員なので、業務中に見ず知らずの方の仏壇に手を合わせるなどの宗教行事をすることは公務員法違反にも抵触しそうな行為となる。

これは心からお参りしているのではなく、それとなく家の中を調査検分するための行為だと思われる。一般的に仏壇は一番の奥の部屋にあり、その家の中心的役割を果たす場所にあるからだ。

もちろん、見ず知らずの、しかも隙あれば金を取りに来た人に仏間まで案内し、しかも、お参りまでしてもらうのが嫌な人は、きっぱりとお断りしてかまわない。

調査官は玄関を入るときから、庭の状況、車庫があれば中に置いてある車の種類、玄関に入れば玄関にある調度品、トイレを借りれば廊下などを通りながら、間取りや増改築や内装工事の有無、仏間や応接間に入れば余裕のある生活状況であるかどうかまで肌で感じることができる。

個人のご自宅だと一般的には応接間か仏間での調査となる。マンション住まいの方は食堂やキッチンが調査場所になることもある。

さて、調査開始となるが、捜査令状を出すような強制調査とは違い、納税者の協力と納得による任意調査なので、突然「金庫を開けろ」とか「通帳を見せろ」などと、強権的なことは言わない。極めて紳士的に家族の状況とか、亡くなられた方の趣味、生前の職業や役職、亡くなられるまでの老後の生活や状況、病歴などを、時には同情を交えて世間話のように聞いてゆく。

このように納税者の気持ちをほぐしながら、それとなく、どのようなことにお金を使う方だったのか、家族の誰にお金を使ったたか、家族の状況はどんなだったのか、などをあぶり出してくる。特に亡くなる数年前からは誰と生活を共にしていたか、誰が預金の管理などをしていたか、などを重要なポイントとして把握していく。お孫さんの学齢、年齢や教育資金、結婚や新築・増改築時期など、人生のターニングポイントなどを聞かれることにもなる。

この**世間話のような会話に午前中の二時間ほどが費やされ、家族の状況を把握することになる**。財産内容は申告書に記載されおり、その内容把握はあわてなくても逃げていかないので、ぼちぼちと調べればいいのだ。

このような世間話の何気ない会話が重要な調査なのである。人は色々な性格があるから、調査官の世間話のような質問に、積極的に、聞かれてもいないことまで、井戸端会議よろしくベラベラおしゃべりされる方いる。趣味や生活状況を少々自慢げに話される方、泣きの涙で愚痴をこぼされる方、兄弟の悪口を言われる方、色々あるが、ここが調査官の付け目なのである。

何気なくメモを取りながら、午後の質問の内容をまとめ上げていくことになる。調査官の勘所、腕の見せ場となるわけだ。

奥様が預金通帳を管理しており、良妻賢母で質素で堅実な家庭であれば、当然「ヘソクリ」と称するものがある。奥様名義（実質、旦那様の預金財産）の家計用預金があると推測される。中にはこの「ヘソクリ預金」が何千万円にもなっていることがある。奥様の名義になっているから、相続税の申告書には乗せていないケースが多い。

最近ではご主人さまや後継ぎさんが海外勤務経験者ということも多くなってきた。このような場合には海外資産がないかなども調査の対象になる。最近はパスポートで渡航歴などを見られることもしばしばだ。

仏間や応接間の調度品にも目配りされる。ゴルフのトロフィーがあれば、ゴルフの会員権があるのではないか、床の間に掛け軸や立派な花瓶でもあれば、書画骨董に趣味があったのではないか、等々である。

ともかく、**見るもの聞くもののすべてが「相続財産の把握のためにある」と相続人は意識しておく**必要がある。税務調査の仕事に来ているのだから、何も世間話や家族が亡くなって同情しに来ているわけではない。

いよいよ昼からは現物確認の調査に入ることになる。調査官は一旦家を出て外食し、昼ご飯を食べながら、何を確認するかを検討しているようだ。

一般的には、お亡くなりになられた方の古い預金通帳を、あるだけ見せて下さいと言われるケースが多い。年金の振込状況やその支出状況を数年間にわたって調べる。大口の出金の使い道には特に関心を持たれる。出金したお金が誰かに贈与されたのか、家の改築に使われたのか、海外旅行に使われたのか等々、相続財産に加算されるものがないかを検討することになる。

多くの家庭の場合、家族中の預金通帳や債券が同じ場所に保管されているケースがほとんど。通帳の印鑑が家族中、みな同じというケースもままある。

調査官はこの日本の家族文化を見逃さない。調査に立ち会った人が預金通帳を取りに行くときに、「すみません、どのようなところに保管されておられるか、確認させて下さい」と言って、後ろについてくることが多い。そして、家族中の全財産の在りかを見られてしまう。ついでに「せっかくですから、その引き出しの中のものをすべて見せていただきますか」なんてことになる。

上手ですね。「嫌だ」と拒否すれば、何か隠しているのではないかと当然疑う。日本人は人から疑われることを嫌う民族だから、「いいですよ」と見せなくてもいいものまで見せることになる。おかげで疑われなくてもいいものまで疑われ、三年も四年も前のはっきり覚えていないようなものにまで質問される。

この段階で、他人から疑われた経験のない多くの民衆は、犯罪者にでもされたような尋問に「ド腹がむかつく」か「言い難い屈辱を味わう」ことになったりする。税務署員はこの状況を見て、こんなことを言ったりする。

「私たちは国民の嘱託を得て、調査に来ています。ご協力、よろしくお願いします」

ところが、本音はお上の言うことが聞けないか、素直に言う通りにしろ、言うことを聞けばお上にも慈悲があるぞ、と言っているようなもの。中には何を考えているのか訳の分からないことを言い出す調査官もいるが、逆らうこともできない。

調査を受けたある方が言っていた。「これでは日の丸を背負ったヤクザだ」と。

午前中の何食わぬ世間話をしていた人と同じ人間とは思えないかもしれないが、彼らは銭を取るために仕事をしに来ているのだ。すべての国民が法のもとに、平等に税金を納める制度を守るために、

という大義名分で。
どんな仕事でも仕事を進めるための建前と本音があるが、税金を取り（徴収し）一仕事やったと自己満足したいのが本音。日本の申告納税制度を守り、租税正義を確立するのは

建前。納税者はこの制度の中で振り回されている。

税務署の調査に際しては、**いくら家族の通帳といえども同じところに置いておかない、疑われそうなものは保管しておかない**ことだ。

個人に帳簿書類などの保管義務はない。几帳面な性格より、ぱっぱと片付ける性格の人が面倒なことを聞かれないのかもしれない。

当然、銀行印などは個人個人、別々の印鑑を使用する。大口の出金には、何に使ったのかを日記などにメモしておくといい。日記や手帳を見つけて、これまたこまごまと聞かれることもあるので、これまた要注意だ。

納税者の協力による任意調査なので、どうにも気に入らないのなら、**「家の中をうろうろしないで下さい**」と毅然と申し込むといい。任意調査では彼らが勝手に引き出しを開けたり、家の中をうろうろしたりする権利はない。いかに調査権があろうが、国民の信託を受けた行為であろうとも、である。

家族の死期が近付くと、葬儀のことも心配になってくる。多くの人が葬式に必要なお金を用意することに気を配る。親の生きているうちに葬儀の費用だけでも引き出して、準備するのは当然の気持ちだ。

税務署員はこのことをよく知っている。死んでからでは預金拘束がかかり、引き出せなくなるので、息のあるうちに出しておく。多くの人は葬儀の費用として数百万円を用意する。

葬式も済ませて相続の申告時に、このときに引き出した現金が申告されているかどうかがポイントになる。葬儀の混乱と、葬儀に際していただいた香典と現金が何百万円も動くので、多くの場合、何が何だか分からないままでいる。

葬儀やその後の手続きに追い回されてやれやれと思った頃には、お金が足りたことだけで安心してしまい、申告のときにはこのお金のことをすっかり忘れてしまっている。これが申告漏れになるケースが多い。

調査官は葬儀の費用と現金の動きを確認するために「香典帳を見せて下さい」と言うこともある。香典は相続財産にもならないし、もらった家族の所得になることもないので、税務署員は金額に関心があるのではない。

どのような方が弔問に来ているかに関心がある。どこの銀行が来ているか、証券会社は入っていないか、デパートや骨董品屋、貴金属店などのチェックをするためである。老人会や町内会の付き合いの程度に関心はない。

「これで亡くなる間際から、葬儀の当日、葬儀後のお金の動きをほぼ確認することができました。家族の方も、特に香典帳などはその後のお付き合いのために必需品なので、丁寧に保管されています。相手にとってはこれがいい情報源になるんですねえ」

ここで内山の話がようやく一段落した。

二、ありゃ、ベッドの下までのぞかれた

ここからは豊成の母の実家の話に入る。高願の妻（鈴木末子）の在所、加藤家の長男加藤重信が亡くなって二年目に税務調査に入られた。加藤家は近郊農家で少しばかりの農業と不動産の賃貸をしている標準的な農家である。

高願の三周忌の法要後の食事時に、後継ぎの加藤徹が酒が入ったこともあり、税務調査の愚痴が出た。後継ぎは車関連の工場で働いており、税務署とは今までまったく関わりがない生活を送ってきた。

加藤家は今でも質素な家系で、戦前に建てられた木造平屋建て、玄関は今風になっているが、土間を改造した広い玄関である。玄関を上がると、畳の部屋を改造した客間、その奥には昔ながらの八畳間が二間続き、奥の部屋が仏間となっている。玄関から仏間までは広い縁側で続く、典型的な農家屋である。

徹は学校を卒業して以来工場勤めであったので、家の財政状況などはまったく知らない。加藤家の主な家計は、亡くなった重信と母親かよが取り仕切ってきた。

重信の生前の申告内容は農業所得と不動産所得、そして農業者年金である。申告所得金額は年間一

千万円前後の比較的安定した申告内容であった。

重信が亡くなって相続の申告をして二年もしてから、税務署が相続税の申告に疑問があると言って調査にやって来た。相続税の申告内容のうち、預金の貯まりようがどう見ても過去の所得税の申告内容から少ないのではないか、との疑問らしい。

重信の預金通帳の管理はいまでも重信の妻かよ八九歳が行っている。ボケ防止のためだと言っていまだに嫁には渡さない、しっかり者の母親である。

税務署員は「お母さん」と、やさしく尋ねた。

「お父さんの通帳が残っていたら見せて下さい」
税務署員はその通帳の記帳内容の中から**一〇〇万円以上の出金だけを選んで書き出した**。そして、
「お母さん、これらの

「忘れた」ととぼけ

とやさしく言いながら、八九歳の年寄りを追求し始めた。最初のうちはかよも「忘れた」ととぼけていたが、何度も聞かれる尋問に困り果て、息子の嫁のいない間に「嫁には内緒だが」と言いながら、現金のありかを話し出した。

「これは私が老後のために三〇年間、コツコツ内緒にためたヘソクリだから、私のものです」

そう言いながら、すがるように調査官の顔をのぞき込んだ。嫁には絶対に見つかっては困るのだ。ベッドの下にある段ボールの中から、現物が出てきた。段ボールを開けて調査官はびっくりした。「現金一千万円、無記名債券五千万円と金の延べ棒一キロ」。調査官も税務署に入って初めての経験である。

そして、調査官はさらに尋ねた。

「お母さんがいま使っている通帳も見せて下さい」

現在使われている通帳は仏壇の引き出しの中から出てきた。調査官は、

「ついでにその引き出しの中のものも見せて下さい」

年金受け取りの普通預金通帳、不動産の収入が入ってくる通帳、そして、定期預金の証書が出てきた。定期預金の総額は一億円近くある。結婚以来コツコツと貯めてきたものである。かよが何かあったときのために農家の専業主婦をしながら、コツコツと着るものも惜しんで貯め込んだお金である。

税務署の調査官は言った。

「お母さんは専業主婦で、いままで結婚以来収入がなく、お父さんの配偶者でした。なんでこんなに貯金があるのですか。名義はお母さんになっていますが、実質は亡くなったお父さんのものですよね」

昭和一桁台の人間にとって、お上の言うことは絶対である。薄っぺらな紙切れ一枚で命まで召し上げられた時代に育ったからである。

口には出さなかったが、かよは思った。

「私は毎年贈与税の非課税の範囲内で七〇年間ヘソクリをしてきた。お父さんから通帳も印鑑を任され、合意のもとにヘソクリをしてきたのに、贈与は認めず、すべてお父さんの財産だというのは何ということだ。やっぱりお上は今も昔も変わらない。都合のいいように、命も財産も召し上げていくものだ」

働いて働いて働いて、給料ももらわず、家のために働いてきた。商売人の奥様のようにお店から給料をもらって貯めた人は自分の財産で、私のように贈与という形でコツコツとヘソクリで貯めた人からは税金を取る。知らない者からは銭を取る嫌な社会だ。

続けて、調査官は亡くなる三年前の確定申告書を取り出して尋ねた。

「新田地区の畑が道路に引っかかって、市から二千万円ほどいただいていますね。あのときのお金はどのようになりましたか」

「あの土地はそこの写真（仏間に掲げられている）の先代の信さんからの預かりもので、兄弟姉妹四人で使ってきた土地でした。名義は主人のものになっていましたが、みんなのものだから市からもらったお金も兄弟四人で平等に分けました。主人がもらった分は定期預金で申告しているがね」

調査官は申告書を見ながら、

「確かにその頃の日付の定期が五〇〇万円載っていますね。しかし、市との売買契約も固定資産税の支払いも、農業所得の申告も、すべてご主人がしてきていますね。一族のご事情は色々あるでしょうが、実質ご主人の財産です。兄弟に渡した分も申告漏れですな」

かよはこの一言を聞いて、

「そんな！ 兄弟みんなの土地です。穫れた米もきちんと分けていますし、夏の草取りも兄弟そろってやっています」

かよは長年守り続けてきた人生観と価値観を頭ごなしに否定され、はらわたが煮えくり返るような気持ちにさせられた。

「悔しい！ 今度、市役所から土地を出せと言われても、絶対に応じてやらない」

昭和一桁生まれで、曲がったことは大嫌いだった。真面目に生きてきた母親は「申し訳ない、申し訳ない」と息子に謝るのであるが、日本人の妻としての鑑のような人生を送ってきた彼女は本当に謝らなければならない悪人なのか。**日本の税制は日本の美徳と言われた行為を悪いことだとする文化に替えてしまったのか**、と息子の徹は嘆くのであった。

「おっかさん、あなたは悪いことなどしていない。金で片付くことだ、心配するな、と慰めたのですが、母親はその後、体調を崩して一カ月近くも寝付くことになりました。

今でも毎日仏壇の前に座り、『息子たちに迷惑をかけた。申し訳ない、申し訳ない』『あの役人は地獄に落ちよ』と毎日拝んでいます。

その後、すべて丸裸にされた母親は通帳も現金も嫁に渡して、気力のない生活を送っています。この法事にも本当は連れてきたかったのですが、みんなに合わせる顔がないと言って休んでしまいました。申し訳ないことです」

話を聞いていた、高願の長男秀次の嫁美知が突然話し出した。

「おじさん、それは大変でしたね。ひどい目にあわされましたね。おばさまももうお歳ですから、おばさまが亡くなったときに相続税を取りにくればいいのにね。いくら仕事か知らないが、年寄りの内緒ごとをさらけ出して、引っ剥がすのは良くないよね。今度知り合いの代議士に会ったら、どうにかしなさいと言ってやるわ」

どうせ今時の代議士などは役に立たないことを参加者は知っている。もはや成熟した制度社会になった日本には、ネットもできない高齢な市民の愚痴を拾い上げるところはない。

三、趣味の茶道具が申告漏れ？

少々憤慨気味の美知が「私のところもひどい目にあわされたわ」と話をしようとすると、秀次が「おいおい、お前の在所のことだ、恥ずかしいのでやめておけ」と止めに入ったが、「恥ずかしいことではない。皆さんにも聞いてもらいたい」と言って話し出した。

「私の母親がお茶の趣味を四〇年近くやっているのは皆さんご存知ですよね」

奥の方の席から誰かが「師範級だと聞いていますよ」と言った。その掛け声に気を良くした美知が一気に話し始めた。

「父親が亡くなったとき、やはり税務署の調査が来ました。そこで何と言ったか知っていますか。一応、国税のお役人の方ですから、応接間を兼ねたお茶室に通したのです。そしたら、その調査官は『亡くなられたお父様のご趣味でしたか』と尋ねたので『いや、そこにいる母親の趣味なんです』と答えたら『お母様は何か収入があるのですか』と聞いてきました。

母は専業主婦ですので、まったく収入がないと言ったら『では、ちょっとお茶席を拝見させて下さい』と言って、お茶碗、掛け軸、花瓶、お茶席で使うお道具を見て、それから、お着物や帯のことまで聞いてくるのです」

ここまで話すと一息入れ、また語り出した。

「私は母親がどれほどお茶の趣味にお金を使っていたかはよく知りませんが、お茶碗が五〇個、おまんじゅうを乗せるお皿も三〇枚ほど、掛け軸はなんだかんだで七〇本ほどありました。着物と帯はあまりあり過ぎてよく分からないほどです。母親の言うには、いま現金で買い揃えば数千万円はかかると言っていました。税務署の調査官はこれらはすべてお父さんの財産ですので、申告してもらわないといけないと言うんです。

家庭用財産の申告は一〇〇万円しか上がっていないというのです。しかも、掛け軸やお茶碗のような書画骨董は一銭も計上されていないと言われました。趣味の財産は家庭用消耗品、書画骨董、掛け軸は家庭用財産なのか趣味の消耗品なのか、お宝なのか、どのように決めればいいのでしょうかね。本当に困ってしまいました」

母親も年を取り、お茶会も気楽な友達だけのお付き合いになり、今では正式なお茶会はもう開けないと少々もてあましている。子供もお茶に興味がある者はいない。母親が死んでしまったら、まるきりゴミの山でしかない。

そこで、母が病院に行っている間に知り合いの古物商に全部処分したらいくらになるかと見積もらせてみたところ、「全部まとめて一〇〇万円」と言われた。

税務署の調査官はお茶屋さんから母親が長年に買った明細を取り寄せ、お茶碗だけでも二千万円の価値はあると言っていたが、古物商の話をしたら、その後、このお茶碗のことは何も言ってこなくなった。言ってみて税金が取れれば「取り得」みたいなやり方に気分が悪くなる。

お茶碗みたいなものは、趣味である方には何百万円の価値があるかもしれないが、趣味のない者にとってはまったく価値がない。税務署の言うのが正しいのか、古物商の言うのが正しいのかはよく知らないが、税務署員の「心の内が透けて見える」ような思いをした。

「母親が亡くなったら、全部捨ててしまうつもりですので、欲しい方は今のうちに取りに来て下さい。いつでも好きなだけお持ちになって結構です」

趣味は海外旅行のような形の残らない、思い出になる無形の財産にしておかないと。お茶碗のような形のある有形の財産は子供たちにとって何の価値もないものでも、税金の対象になる。死ぬ前には子供たちが困らないよう、すべて片付けるようにしないといけないと思っている。

「趣味は棺桶に入れられる、燃えるものしか持たないのが一番ね。皆さんも遊びも趣味も気を付けて選ばないと、どこでイチャモンを付けられて税金を取られるか分からないから、気を付けた方がいいですよ」

美知が捨て台詞のように言って話は終わった。

四、開かずの金庫にお宝がいっぱい

「鈴木社長、以前ご自宅におうかがいしたとき、応接間にずいぶん年代物の大きな金庫がありましたね。いまでも使っているのですか」

税理士の内山が尋ねた。

「いや、あの金庫は先代が泥棒に入られて、家の中で鉢合わせになり、挙げ句の果てに、町内会の会費を取られて、大慌てになったことがあったみたいで、そのときに購入したと聞いています。いまはセコムに加入していますので、あの金庫は無用の長物なのですが、処分するにも重たくて運ぶこともできないので、困っているのです。

更にひどいことに、先代がどこかに鍵をなくしてしまい、ナンバーリングも、孫がぐるぐるいじってしまい、まったく開けることができません。私の記憶でも、開けたところを見たことがないのですから……」

内山が「お母さんなら知っているのではないのですか」と聞いた。

「ええ、聞いてみましたが、金庫の管理はお父さんがしていたとのことで、何も言わなくてあの世に逝ってしまったようです。母の推測ですが、土地の権利書とゴルフの会員権、趣味で集めていた古切手と、古銭が入っているのではないかと言っていますが、金目のものはないだろうとのことでした。何分、父は公務員だったのですから、高価なものを買う小遣いはなかったはず、とも言っていました」

税理士の内山が昔、相続の税務調査で「同じような事件がありました」と話し始めた。

「税務署の調査でやはり鍵のない金庫が出てきたのですが、税務署の調査官はこれは怪しい、きっと何か隠し財産が入っているに違いないと疑って、一日目の調査が終わったときに、調査官が帰ったら『金庫の中身を隠す』のではないかと疑って、カバンの中から封印の紙を出して、金庫のドアに張り付けて帰りました。そして翌日、何と金庫屋の鍵師を連れてきまして、聴診器のような機械と針金みたいな道具でちょいちょいほじくって開けてしまいました」

「内山先生、それで何かすごいお宝が出てきたのですか」

鈴木社長がのぞき込むように身を乗り出した。

「あはは、そんな簡単にお

宝なんて出てきませんよ。古い権利書と期限切れの保険証券、少々エッチな写真とビデオ……。税務署員はとてもがっくりしたようでした。多分、子供や孫に見られないように、気を使っていたのでしょうね」

鈴木社長はどこも同じようなものだと思い、

「そりゃ奥様にも内緒にするわけだ。クックック……まさか税務調査で、国税マンにみんなの前で見られるとは夢にも思わなかったでしょうね」

税務署員が連れて来た金庫を開けた鍵師が帰り際に「鍵がほしいなら作りますか」と聞いたから、その人は「さっそくお願します」と言って、金庫の番号を教えてもらい、新品の鍵を作ってもらった。税務調査のおかげで、無用の長物が生き返ったのだから、私にもずいぶんお礼を言っていただいた。

「私なんかまったく関係のないことなのですが、税理士として変なうれしさを感じました」

いまでは貸金庫を使っている人はずいぶん少なくなってきた。原因の一番は株券が廃止されたこと、カード決済が進み、現金や手形、小切手を保管する必要がなくなったことだ。内山が鈴木社長に「貸金庫を利用していますか」と尋ねた。

「そう言えば、昔、銀行から支店ができたときに、貸金庫ができたから是非一つ借りてくれと言われて、借りたままになっているな」

「何かお宝でも入っていますか」

内山がにこにこしながら尋ねると、コイン収集を趣味にしていたのを思い出した社長が、

「記念コインが入れっぱなしになっているかもしれないが、その程度かなあ」

「開閉はしていないのですか」

「あること自体忘れているのだから、すでに一〇年は使っていないな」

「それでは銀行に言って、解約した方が良いですね。使用料金も払っており、もったいないですよ。それに、**貸金庫を誰が借りているかは、税務署は名簿を持っていて、すべて分かっています**。しかも開閉記録が残っていますから、あんなところに財産を隠しても意味がありません。税務署に疑われるだけですから、早く返してしまった方がいいですね」

内山は続けて、解約を強く勧めた。

「私も何度か遺言執行者になって、貸金庫の開閉に立ち合ったことがあります。開閉者が限定されていますから、相続人全員の承諾書をもらってきてくれとか、遺言執行者の権限の範囲かなどと、とても面倒で苦労しました。使っていないなら、いまのうちに早く返した方がいいですね」

五、我慢ならない、納得いかない

修正申告と更正の違いについて、税理士内山の話はまだまだ続いた。税務署に申告した内容に漏れ

があったり間違いがあったりして、気付いたり税務署の指摘で納得したときは、一般的には修正申告書を提出することになる。

間違いは自分で後から思い出したり、知らなかった書類が出てきたりして見つかるときもあるし、税務署の調査によって指摘を受けて発覚することもある。**申告する側の明確な間違いが発見された場合は修正申告をする**のが一般的である。

自主的に修正申告を出したくない人や税務調査で指摘されたことに納得できない人は、修正申告ではなく、税務当局が行う「更正処分」の手続で対応することになる。税務署は調査官の信ずるところに基づいて課税してくるが、そのような課税では納得できない場合には後日、**国税不服審判**による第三者に判断をしていただくことになる。自分が間違ったとする修正申告では異議の申し立てができない。

あくまでも税務署との見解の相違なので、どちらの考えが正しいのかで戦う。課税庁側の見解で「課税」させ、税務署に「更正」を打たせる必要がある。

国税不服審判所と言っても所詮、税務署の一機関でしかない。平たく言えば、同じ穴のむじなが審理するのだから、納税者有利とは考えにくいというのが市民感覚である。

この審理になお不満がある場合には裁判所に救済を求めるのだが、一般的に言って裁判所の裁判官も行政機関の判断を重要視し、市民の訴えが有利に働くことは少ない。税務以外の判決からも十分に察知されることなので、相続という一個人が巨大な行政組織と戦うのは極めて不利ということになる。戦うにも時間の面や費用の面でも、とても平等とは言えない。相手は給料をもらいながら膨大な資金と膨大な人員と無限に近い時間を持っているのだから「蜂の武蔵」が太陽に向かって剣を抜いて無謀な戦いに挑むようなものである。

この無謀な戦いに応じてくれる税理士事務所はさほど多くない。よく調べてから、頼んだ方がよい。まずはこのような経験があるところを選ぶべきだ。

弁護士事務所はまさに本業なので、喜んで引き受けてくれる。納得するまで戦いたい方は優秀な弁護士を探すべきだ。

第六章　もめごとは人の世の常である

一、知らないことは突然やってくる

もめるのは兄弟だけではない。**地境で隣と大もめになったりもする**。

昔は家の手伝いやら畑や田んぼの手伝い、貸家の掃除や家賃の徴収と、人が出向いて相手と向かい合って過ごす社会だった。今では、農業は機械で行い、子供が来れば危ないから家で留守番をしているように、と言う。当然、子供はどこに我が家の畑や田んぼがあるかも知らない。

草刈りも機械、水引きも用水の蛇口をひねるだけ。貸家の管理は不動産屋に依頼し、家賃の集金は銀行振り込み。息子たちは我が家の貸家がどこにあるのかも知らない。借家人が誰なのかまったく知らない。ましてや、貸家の隣地状況などは知る由もない。不動産の管理は親任せである。

こんな息子たちのところに相続がやってきた。親父が死んでから土地の権利書を探し、土地の名寄、登記簿謄本、地籍図を取り寄せ、管理を依頼している不動産屋を訪れ、やっと実態をつかんだ。台帳を見ながら初めて親が管理していた貸家を見に出かけた。

「これかなあ」と入居者の表札を見ながら「そうそう、家賃の入金のある人の名前が出ている」となり、この貸家は我が家のものに間違いないと思う。

きょろきょろ見ていると、貸家の隣の人が出てきた。

「○○さんの息子さんですか。この前はお父さんがお亡くなりになり、ご愁傷さまでした。ところで、お父様からはお聞き及びと思いますが、この土地の地境のことですが」

こう言うと、深刻な表情で話し出した。

「この地境にある側溝は私の父が二〇年ほど前に作ったもので、私どもの敷地内にあるのですが、お宅のお父様はうちのものだと主張されていて困っていました。どのようにお聞きされていますかね。私どもは来月、自宅を建て直すことにしており、地境がはっきりせずに困っているのですが」

「はあ……」

主人が死んで、初めて戸籍謄本を取った。

「**えっなに、私の前に奥さんがいたの。おまけに子供がいたの**。私、再婚相手だったの」

結婚してすでに二五年になる。主人が急に亡くなって突然、相続することになった。市役所で戸籍謄本を取ったら、結婚前の真実が現れてきた。

前の奥さんとの間には女の子が一人いる。青天の霹靂とはこのことである。私は二五年もの間、主人と主人の両親に、だまされ続けてきたのだ。

もはや法事もへちまもない。家も財産も形あるものはすべて売却、弁護士を介して相続手続きを進め、塵一つ石ころ一つ残さないほどに家の解体が行われた。当然と言えば当然であるが、こんなことも現実にある。

住民票は取ったことはあるが、戸籍謄本は生まれてこの方取得したことのない方がほとんど。**一度は自分の戸籍謄本を取って、自分のルーツを知る**ことをお勧めしたい。


初七日の法要が終わり、皆さんがお揃いになって食事を済ませた頃のこと。遺言執行者に指定されている弁護士と遺言書作成のとき立会人になった内山が、後継ぎの方に案内されて皆さんの前へ出ることになった。

「皆様のお父様さまより遺言執行者としてご指名を受けていますので、皆様のお集まりをいただいているこの場をお借りしまして、公正証書遺言の開示を行いたいと思います」

周りの雰囲気が一変した。兄弟たちは「えっ、遺言書が残されていたの」という感じである。これから長男に色々と話をしようと思っていた思惑が消えた瞬間であった。

長男の方は**自分では言い出しにくいので、親に頼んで「遺言書」として文章化しておいてもらった**のである。兄弟といえども全員が裕福な暮らしをしているわけではない。経済的にぎりぎりの者もいれば、連れ添いからすでに財産分けの話をして来ている者もいる。執行者が言った。

「ただいまから遺言書の開示をいたしますので、相続人様だけお残り下さい。それ以外の方は、しばらくの間、席をはずしていただきます」

母親と兄弟姉妹だけが残った。遺言執行者が遺言書の内容を読み上げ始めた。

「二男○○の受け取る財産は、現在住んでいる土地と家」

「医者をしている三男○○は、大学時代に多額の学費を使っているので、相続財産は特になし」

経済的に困窮している長女には、

「長女○○には、生前中に事業の運転資金を相当金額援助したので、相続に当っては何も相続させない」

と、非情な文言。

「妻には、現在住んでいる家屋と土地と預貯金のすべてを相続させる」

「長男には、以上に述べた以外の全財産を相続させる」

読み終わった瞬間、二男の顔色が変わった。

「兄貴、お前がこんな遺言書を作らせたのか。こんなもの納得できるか」

と言い出した。長女もこの二男の言い方を見て、

「私だっておかしいじゃないの。生前中の貸し借りは貸し借り、相続財産分けは当然もらえる権利があるわ。お兄さん、あなたが弁護士と税理士に頼んだ陰謀でしょう。こんなのに納得ができるわけがない」

三男は母親の困った顔を見ながら「まあまあ、そんなこと言わずに、ゆっくり考えてからにしよう」

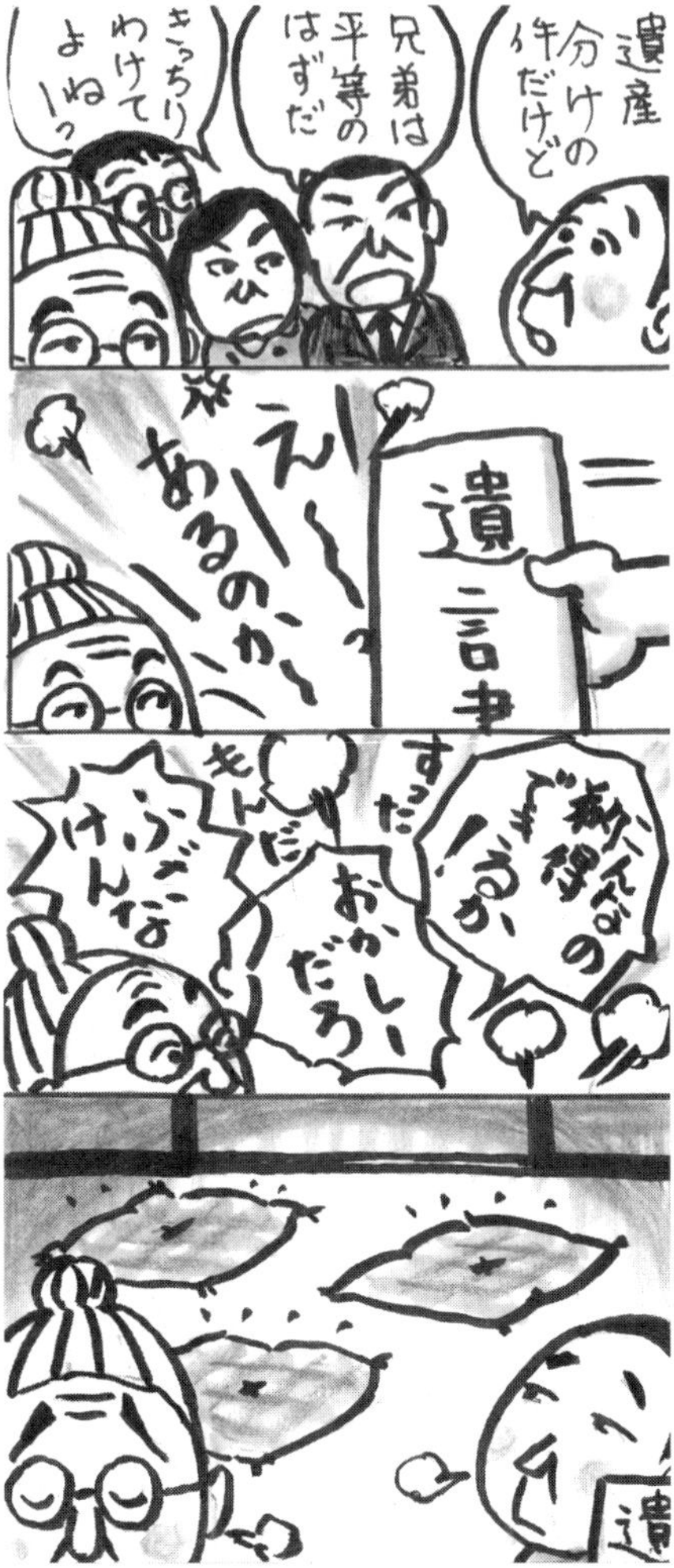

と言うのだったが、二男が立ち上がって、長男の胸ぐらをつかまえて、

「兄貴、こんなことで終わると思うなよ。今日は母さんがいるから黙って帰るが、後から呼び出すので出てこい。おれは帰る」

と捨て台詞をはいて、その場を出て行ってしまった。長女も、

「もう二度と法事には来ません。こんなことなら縁切りね」

と溜め息をつきながら席を立った。

残された母親は「ミーちゃん、そんなこと言わずに、また会いに来てね」と涙ぐんで引きとめたが、

「お母さん、また外で会うからね」と言って出て行ってしまった。

弁護士はこのような兄弟だから「御父さんも遺言書を作られて逝かれた」とつぶやいた。そして「遺

言書があってよかったです」と跡取りはほほえんだ。

その後、遺言執行人の弁護士は遺言書通りに遺言書の執行手続きを開始。兄弟の承諾も印鑑の必要もなく、無事執行手続きを終了し、相続の税務申告も期限内に終了した。

その後一年以内に相続人からの「遺留分減殺請求権」の裁判も起こることなく終了となったが、その後、兄弟全員が母親のもとに寄ることはなかった。聞くところによれば、母親は相続した貯金の中から、長女にそれとなく今でもお金を渡しているようである。

見るからに温厚そうな初老の老人、山本が弁護士の秋山を訪ねてきた。山本は秋山の大学時代からの知り合いである。

「長男なんかに財産を渡せるもんか。先生、何とか良い方法を教えて下さい」

秋山が「山本さん、どうしたのですか」と尋ねると、

「長男の嫁が孫を抱かしてくれない。こんな嫁に財産なんか渡せるか。嫁の言い成りになっている息子なんか勘当だ」

「まあまあ、山本さん、そんなに短気だからお嫁さんに見抜かれて、嫌われているのではないのですか。年を取ると特に男は皆さん、短気になりますからねえ」

仏頂面の山本が「そんなことはない」とすぐさま否定した。

「わしはいつも嫁には親切にしてきたつもりだ。それなのにかわいい初孫の顔を見させてくれない。ましてや抱かしてもくれない。息子は黙っているだけのぼんくらだ。

もしも息子が先に死ぬようなことがあれば、嫁が息子の財産を独り占めにする。わしから相続する財産も、嫁のものになってしまう。許せん。今のうちに息子夫婦を勘当して、相続権をなくしておきたいので手続きを取ってもらいたい」

久しぶりに会ったのに、えらい剣幕である。困り顔の秋山は、

「山本さん、今の法律ではそんなこと（相続人を外すこと）はできませんよ。**法律では、勘当なんてことは限りなくできないことになっている**のです。例えば、毎日のように暴力を振るわれ、命が危ない状況に置かれているようなとき以外はね。

それよりも、もう少し時間をかければ、お孫さんもお爺ちゃんの存在が分かるようになり、きっと遊びに来ますよ。そう怒らずにじっくり時間をかけて仲良くなりましょうよ」

「先生、でも心配ですから、遺言書だけでも作るのを手伝って下さい。内容は全財産は長男以外の妻と二男に相続させる。これでお願します」

弁護士の秋山は言われるままに遺言書を作り、「気が変わったり、状況が変わったら、ただちに作り直しますから、教えて下さいね」と付け加えた。

その数年後、長男の孫の手を引いて、にこにこしながら買い物をしている山本を見かけた。秋山が

「かわいいお孫さんですね」と声をかけると、「先生、その節はお世話になりました」と照れくさそうに、

「嫁も二人目の子育てに入り、親のありがたさがやっと分かってきたみたいで。最近は孫の面倒を見てもらいたくて、ちょくちょく連れてくるのですわ。来るのはうれしいですが、一日見ていると疲れてしまい、帰るとこれがまたうれしい。孫はかわいいですね」

親子の縁は親子ならではの難しいものがある。しかし、家族としての長い時間が解決してくれることも多い。

二、鉛筆ナメナメ遺言書作り

それではここで一般的に作られる遺言書について説明しておこう。

・自筆証書遺言書　自分で作る

ご自分で誰にも内緒に、しかもまったく費用をかけずに、鉛筆ナメナメ作る遺言書がこれ。鉛筆ナメナメはちょっと言い過ぎとしても、便箋などの適当な紙に、ボールペンで俺の財産はこのように分けてくれ、と書き残しておく遺言書である。もちろんこれでも有効だが、少しだけ注意しておかなくてはならないことがある。

1すべて自筆で書くこと。奥様や他人の代筆ではだめ。もちろんワープロ等の機械打ちも不可。

2作成日付と制作者の氏名を忘れないように。できることなら、実印を押しておくこと。

3誰にどの財産を渡すのか、明確に記入しておくこと。「全部を妻に」でもよいが、例えば「家にあるものはすべて長男に」などといった中途半端な書き方は極めてあいまいなので、駄目だと思って下さい。

4遺言書を封筒に入れて、開封できないように封印して下さい。裁判所の検認前に開封されると無効になる恐れが多分にあり注意を要する。封筒は家庭裁判所で検認手続をして、開封する必要がある。

5死んだ後、誰にも気づかれない恐れがあるから、このような遺言書があることを、自分が死んだときに所在が家族に分かるようにしておかなくてはならない。

せっかく遺言書を作っておいたのに、この保管の仕方が悪くてはもめごとの材料にもなりかねない。このような心配のある方は公証人の前で作る公正証書遺言書が安全である。

・公正証書遺言書　公証人に頼む

公証人は法務大臣に任命された特別な公務員ではあるが、国家から給与を受けることなく、仕事の依頼者からの手数料で生活している。独立した厳格な職業人である方が、書類の内容は本人の意思に基づいて作られた本物の書類であることを証明してくれる。

一般の人は一生のうちにまずお目にかかることのない職業の方なので、知らない人がほとんどだろう。重要書類の真実性を確定するには、なくてはならない公的文章の証明機関の人である。

公正証書遺言を作成するには、一般的には公証人役場に出かけ、公証人の前で遺言内容を説明し、遺言書に仕上げてもらう。立会人二名が必要になるが、立会人になれる人は推定相続人となる人や相続や遺贈で財産をもらえる可能性のある人はなれない。知り合いの税理士や弁護士、またその事務所の職員など法律上、守秘義務が課されている者が立ち会うのが理想的だ。実務的には後ほど相続税の申告を依頼する税理士事務所等に段取りや立ち会いを依頼するのが便利である。

作られた遺言書は公正証書なので、作成後二〇年間または一二〇歳になるまで公証役場で保管される。自筆証書遺言のように、紛失や改ざんの恐れはない。

しかも、作成者の死亡後、裁判所の検認等の作業はまったく必要なく、兄弟姉妹などの相続人の印鑑も印鑑証明も必要なく、**遺言執行者**（注）により不動産登記や預金や株式名義の変更ができる。ただし、遺言書の作成には他人の助けを借りるので少々費用が発生する。

公証人に支払う報酬は一億円以内なら五万円、三億円以内なら一〇万円程度である。公証人の手数料はいまやインターネットでも確認できる。税理士や弁護士に立ち会いや作成の段取りを依頼する場合は、事前に料金の確認をしておいた方がよい。さほど多額ではないと思うのだが。

・付言事項　効力はないが、自分の思いを

遺言書の最後に「付言」を付けることができる。遺書のようなものだが、多くを語りたい方は別に「遺書」を書かれた方がよい。

付言は、遺言者が最後に自分の思いを述べたもので、法的効力は何もない。遺言の内容を、どうしてこのような財産分けにしたのか、妻や子供への感謝や思い、葬儀の希望や兄弟の在り方などの希望を書いておくとよい。

※注　**遺言執行者**　遺言の内容を実現する人

遺言執行者とは、遺言書を作成した方の代理人として、遺言内容を実現するための手続きをする人のこと。代理人なので執行者は遺言者の全財産を執行者の印鑑でいつでも動かすことができる。これを遺言執行と言うが、一般的には遺言執行の前に、遺言の開示を相続人全員に行う。

初七日のお参りや四九日の法要の折に行われることが多いが、遺言書の開示行為も執行者の仕事のうちである。執行人には未成年者や破産者はできないが、長男などの相続人でもかまわない。直接の利害関係者が執行人だと「あなたが自分のいいように作らせたのでしょ」などと、もめごとの元凶のようになる恐れがあるので、税理士や弁護士などの方が執行者として適任であろう。

先ほどのケースで見たように、不仲な兄弟や経済的に苦しい兄弟から「あなたがお父さんをそそのかして自分の都合のよい遺言書を、税理士と一緒になって作らせたのでしょう。そんなものは信じられない、訴えてやる」ともめることもしばしば起こり得ることだ。遺言執行者もこのような罵声を浴びせかけられるのは心苦しいが、仕事なのでやむを得ない。

遺言開示の最中「長男とグルになってこんな遺言書など作らせやがって、テメイなんか信じられるか」と言われたりもするが、**こんな兄弟だからこそ、親父さんは遺言書を作っておく気になった**のだ。これを「親の心、子知らず」と言うのだろう。

去りゆく者にとって、遺言書は大して大切なものではない。遺言書は残された者にとっては「葵の御紋」の印籠と同じで、この上もなく効果絶大である。死に行く者にとってはさしてどうでもよく、一番大切なものは自分の死に方なのである。

三、墓石を二男がヒシャクで叩いた

遺言書がない場合には相続人全員で協議して、財産の分け方を決めることになる。そのときに作るのが分割協議書だ。

親の無責任か親心か分からないが、親から棚ぼたで財産が降ってくるのだから、経済的に厳しい方や生まれてからの兄弟の在り方過ごし方によっては、熾烈な欲の張り合いや嫌がらせの応酬ともなりかねない。

相続は何十年もの人生の中で、兄弟姉妹が多くの場合、初めて経験する真面目で真剣に向き合うことになる。親の面倒を見てきた人、親を避けてきた人、色々だろうが、平等の権利で向き合う。平等と平等でない親との関係で暮らしてきた人が対峙するわけだから、ややこしくなるのは当然ことだ。**一般的には相続税を支払う一〇カ月以内に終了するように進める**が、税金の出ない人や兄弟仲がしっくりいっていない場合、何年も財産分割が放置されることもある。子の代、孫の代まで放置され、相続権利者が何十人にもなるまで放置され、もはや誰の財産だか分からなくなっている預金や土地が世の中にはゴロゴロしているのだ。

相続税の出る人はこの協議がまとまらないと大変なことになる。まず各種の特例が使えないので、税金の軽減が行われない。さらに財産未分割のまま申告しなくてはならないが、民法の規定に従って分割したものとした税金を納めなくてはならなくなる。

財産は動かせない、税金は払わなくてはならな

い。払わなければ毎朝、目が覚めるごとに利息が追いかけてくる。最後には差し押さえになってしまう悲劇さえ待っているかもしれない。

兄弟の仲が悪いと、ろくでもない結果が待っている。挙げ句の果てに、兄弟だけでは話ができず、弁護士という代理人を立てて決着することになるのだろう。

こんなことがあった。親父に遺言書を作っておいてと頼んでいた長男が、遺言書をついに作らずに死んだ親父の法要の席で、

「俺は長男をやめる。これからは法要も、相続の財産分けも、お前たちで勝手に決めてくれ。決めたことに文句を言うだけにさせてもらう。この家も出て、アパート暮らしをする」

財産分けであまりにも都合のいいことを言う兄弟姉妹に「長男なんかやっとれるか。俺は降りる」と宣言したのである。

これにはさすがに今まで言いたい放題に言っていた兄弟姉妹もびっくりし、黙ってしまった。四九日の法要で、兄弟そろって納骨に行ったはいいが、二男が墓石に水を掛けるとき、墓石をヒシャクでたたいた。

それ以後、この兄弟が顔をそろえて会うことはなかった。それぞれが代理の弁護士を立てて、自分の主張を通すこととなった。長男は駅前のマンションに移り、立派なご自宅は草むす空き家となってしまった。

四、気分よく死にたい

死ぬのは難しい。尊厳を持って死ぬのはなお難しい。私はこのように死にたいと宣言するのが「リビングウイル（尊厳死宣告書）」である。

「人間としての尊厳をもって死にたい」

誰しもこのように死んでいきたいと思っている。それゆえ、世の中には「ぽっくり往生のお寺」が大繁盛している。

ガンで苦しんで死ぬのは嫌だ、ボケて死にたくない、寝たきりでおむつをあてがわれながら死にたくない。要望は色々あるが、そんなにうまくいかないのが世の常である。

しかし最低限、身体中にチュウブを付けて、胃に穴をあけて食べ物を流し込み、人工呼吸器で強制的に酸素を送り込み、起き上がれる確率がなくても生かされていくのだけは我慢できない。

外国の高齢化社会のことが放映されていた。人として尊厳を持ちながら、人生の最後を全うする番組である。そこではリビングウイルを解説していた。

鈴木豊成社長の母、末子は高願が亡くなるまで病院で付き添った。高願は高齢になるに従って、人並みに身体のあちこちの変調を訴え、病院通いが日課となっていた。白内障に入れ歯、腰痛に膝痛、骨粗しょう症、命には別状のない年寄り特有の病気である。内臓は極めて健康で悪いところはない。

ある日のこと、よせばいいのに愛犬家の高願は犬の散歩に出た。そして、猫を追いかけて突然走り出した犬に引っ張られ、溝にはまって骨折してしまった。

入院は一カ月に及び、足の筋肉も落ち、リハビリの毎日である。それでも退院にこぎつけたが、もともとあった骨粗しょう症のために六カ月後、今度は家の中で敷居に足を引っ掛けて転び、またもや入院となってしまった。寝たきりでおむつをあてがった生活が始まることとなった。

おむつをしだした頃から「死にたい、死にたい」が高願の口癖となり、家族を悩ませるようになる。食欲が落ちてますます元気がなくなる悪循環が始まった。妻の末子とその家族は「死にたい、死にたい」と訴える高願に何も言えなく、ただ点滴を見つめるだけである。

「人はなぜ死ねないのか、なぜこれまでにして生きるのか。なぜこうまでにして生かされるのか」

何かが間違っていると感じざるを得ない日々が続いた。どこまでも生きたいと思う人が天寿を全うするまで生きられる社会があるなら、人生を尊厳をもって終了したいと思う人に、それができる社会があってもよいものだ。

それなのに、死にたいのにむりやり生かされるのがどうして正しいとされるのか。自分の人生で自分の命をどのように燃やし終了させるかは、本来、他人の介在を許さない絶対的な自己責任、自己権利であるはずだが、それがいまは許されない社会なのである。

特に日本は諸外国に比べて、尊厳死に関する決まりや明確な法律がない。このため医療現場で死に向かう困難な事態が生じたときは刑事事件になりやすい。死ぬ間際にお世話になった家族や医師は警察から嫌な扱いを受ける恐れがあるので、高齢で死が迫っている人にでも、医師は全力で延命に努めることになる。やる必要もない、治る可能性もない、治療を施すことになる。

一度装着された生命維持装置を外せば、装着している人が死んでしまう。着けたら外せない、治ることはないのに、ただ生かしておくだけなのである。生命維持装置を着けて脳死状態となり、いつまでも生き続けている自分の姿を想像してみて下さい。

「私は気分が悪くて、耐えられない」

医師は息子であるあなたに聞く。

「患者さん（お父さん）は今や自立して呼吸できないので、人工呼吸器を着けましょうか」

近親の家族として着けなければ死んでしまう。「着けないで下さい」とは言いにくい。そこで善人でありたいと思う、思われたい気持ちには勝てず「着けて下さい」と言ってしまう。こんなことが往々にして起きることになる。

一度着けたら外せば死んでしまう。家族にも医者にも、外せないことになる。だれも望まないことが愚かなプライドと後ろめたさから始まってしまうのである。

このような事態を、死んでいく本人は望んではいない。静かにこの世を去りたいのに、ひどい扱いである。法律にはない尊厳死宣言があることが、最近は本に出たり、テレビで放映されたりするようになった。

尊厳死はなぜ許されないのか。それは死に立ち会うのを見守る人が、法律で犯罪人にされてしまうからである。

法律は前途ある青年も、もはや余命いくばくもない老人も、同じ法律で取り締まる愚かなシステムになっている。そのために、いかなる事情があろうが、肉体的に生体活動が停止する前に止めたりはできない。止まらないように努力しないと、死ぬという行為は犯罪になってしまう。実に愚かなシステムを作り上げたものだ。

真面目な日本人は一定のシステムを作ると、とことん正確に動くように

したがる。本来の目的など考えることもなく、正確なシステムを完成させる民族的習性がある。「本末転倒」であろうと、それは関係ない。正確さだけが要求される社会である。決めたこと、決められたことは、とことんやらなければならない社会である。当然、結果として良いこともあれば、良くないこともある。

ハンセン病や原発のもんじゅなどはその最たるものであろう。しかし、決められたことは当事者が「おかしい」と思っていても、やらなければ社会的責任を追及される社会である。どんなに間違ったことでも、やっておけば責任は追及されない。

三〇〇万人も死んだ、殺された第二次世界大戦も、福島県中の人が逃げ惑った福島原発も、責任追及は誰もされなかった。これが日本人の、日本社会のルールなのである。

こんな法律や社会常識に我慢できない人は「尊厳死宣言書」を作成しておく必要がある。それは自分の最期をみとる家族と、最期の治療に尽くしてくれたお医者さんを守るためでもある。

日本ではリビングウイル（生前の意思表示）によって、自然な姿で死ぬことを希望する宣言書を「尊厳死宣言書」と呼ばれている。この内容を話しておこう。

1 不治の病で末期症状になったら、無意味な治療を拒否し、自然の姿で死ぬことを希望する。

私の病（怪我を含む）が現代の医学では不治の状態にあり、すでに死期が迫っていると診断された場合には、いたずらに死期を引き延ばすための延命治療は一切しないで下さい。回復の可能性や死亡時期につきましては、二名以上の医師により客観的に医学的知見により判断して下さい。
2 苦痛を伴う症状には和らげるため最大限の努力をしてもらう。
このような事態のときでも、私の苦痛を和らげる処置は最大限に行い、そのために薬の副作用や医療行為によって死期が早まったとしても、一向にかまわない。安らかな最期を希望する。
3 植物状態になったときは生命維持装置を着けてはならない。
私がいわゆる植物人間の状況に至ったときは、二名以上の医師による客観的・医学的知見により、一切の生命維持装置を取りやめ、人間の自立した生存能力による終末をお願いしたい。
4 最後に警察へのお願い
警察・検察の関係者の方へお願い。私の家族や医師が、私の意思に沿った行為を行ったことにより、これらの者を犯罪捜査の対象にしたり、訴追することがないように強くお願いしたい。

この宣言書を公正証書で作る方法もある。家族の中で、宗教上の理由や相続上の思惑で死に対する利害が発生し、死に行く者を差し置いて相続人の間でトラブルが発生しそうな家庭や一族なら、**公正証書による「尊厳死宣言書」**をお勧めする。リビングウイル協会に託しておく方法もあるが、問題は自分の判断ができなくなっている状況の中でどうやって、家族なり医師に伝えるかである。

家族には常日頃から伝えておく、仏壇の前に張り出しておく、カバンや胸のポケットに入れておく、身分証明書の免許証の中に存在を記入しておく、などの方法が必要になってくる。事故などの場合には緊急性を要し、よけいこのことが重要になってくる。

もし将来、「そんな簡単に死ねるか」「植物人間になろうが、延命治療を受けたい」と思い直すときが来れば、自分で作ったものだから、いつでも撤回して破り捨ててしまうことができる。

五、ボケたらどないする

1 遺言信託 信託銀行に任せる

俺が死んだら妻や子が「オレオレ詐欺にだまされた」なんてことにならないか、などと自分の死後のことまで心配になる人もいる。自分が生きていたときと同じような生活ができるように、と思いを託すのが遺言信託である。

信託銀行という銀行がある。銀行の子会社が運営しているのが一般的で、財産信託を主な業務としている。あまりなじみのない銀行である。

この信託銀行が個人の方の財産信託を受けて、生前から死後の財産管理や運営を行う業務が「遺言信託」と言われている制度である。金融機関が遺言書の作成から預かり、執行手続きまでを執り行ってくれるから、まずは安心感が最大の売り物と言える。

いくら遺言書を作っても、その遺言書を預かっている人や会社、組織が倒産したり、廃業したりしたのでは心配である（預かっている組織がなくなったからといって、遺言書自体の効力がなくなるものではない）。税理士法人や行政書士法人、弁護士法人といえども、廃業・倒産しないという保証はない。

もちろん**個人の税理士や弁護士事務所ではとても危うい**が、法人だからと言って永久に存続は保証できない。遺言書だから委託して五〇年以内に執行が行われることを考えれば（一〇〇年も存続することは考える必要がないのだが）、**確かに銀行の方が長く永続する確率は高い。**

遺言信託を信託銀行に依頼すると、遺言書の作成指導に始まり、依頼者の財産を管理しやすいように信託銀行の商品に順次切り替えていくことになる。信託銀行による財産の一括管理運用、死後の財産の分配手続きが行われやすくできるようにセットされる。

・信託会社の遺言書、その長所と短所

信託銀行は弁護士でも税理士でもないので、個人の気持ちや権利を守り面倒な問題が発生しないように、受けた業務ができるだけ手離れ良く、もめないように、言い方によっては財産を渡そうとする親御さんの意思や思いを曲げてまで、法律に沿った遺言書を作るように指導してくる。もちろん、法律通りの遺言書を望む人はそれでよかろうが、親としては、子供や自分を支えてくれた人に特に手厚く、親不幸者にはそのようにメリハリを付けて遺言書を作ったり、財産分けを考えて作りたいというのが人情だろう。

自分の蓄えた財産を最後にどのように引き継いだり処分したいのかは、法律や他人には介在されたくないというのが「本音」か。自分の思い通りの自由な財産処分を望む人には、遺留分侵害の遺言書を原則作らせない信託銀行の遺言書作成には、銀行側の相当の抵抗を覚悟しなくてはならないことになろう。

自分の思いのままに遺言書を作ろうと考えている方は、税理士法人や弁護士法人を活用する方が、自分らしい思いを乗せた遺言書を作ることができる。

信託銀行の遺言信託にかかる費用としては、遺言書の作成費用は公正証書遺言であれば、税理士法人であれ弁護士法人でも信託銀行でも、さほど変わりはない。しかし、遺言執行手数料はその後の手続きによって大きく異なることになる。

相続争いが想定されていれば、弁護士が必要になり、相続税の申告が必要な人には税理士による相続税の申告手続きが必要になってくる。

信託銀行は弁護士でも税理士でもない。財産家の財産を運用して利益を出したいだけの会社なので、行政手続きは提携先の弁護士事務所か税理士事務所に依頼することになる。相続発生後の業務の一貫性と、依頼者からの権利擁護を考慮するなら、依頼者個人を徹底的に擁護する組織に直接業務を依頼する方が有利と言える。

2 民事信託　民間人に依頼する

信託銀行ではなく、信頼できる親族や息子に信託する（家族信託）、ときには税理士や弁護士（不特定多数の方より信託を受ける場合には、商事信託となり信託法の免許が必要となる）などに自分（以下、委託者）の財産を信託（財産の管理・運用・処分等をまかせる行為）し、その財産から受ける利益を、子や孫等（以下受益者）に渡してもらう行為を民事信託と言う。

（ひゃー、こんな難しいことどうでもいい、と思われる方は後述の「困った財産ベスト４」までスキップして下さい）

銀行のような転勤や移動によって顔の見えない人間関係とは違い、自分の子供や親族、長い付き合いの顔見知りの専門家に自分の財産を任せ、死後に至るまで子供や孫に自分の思いが伝えられる制度だ。

鈴木一族の順子の夫、山田伸一（委託者）は知的障害のある子、二男の山田正志の将来を心配し、この制度を使うことにした。伸一とその妻順子は軽度の知的障害がある二男正志の将来のためにそこそこの貯蓄を進めていたが、所詮、貯めたお金はいずれなくなる。収益を生み比較的なくならない不動産運用で、正志の将来を守っていこうと考えた。

預金の管理や不動産の管理、運用利益の生活費への活用などを、自分たちが死んだ後、どのようにしたらよいかで悩んでいた。長男の孝一に二男の面倒を見ろというのでは、孝一の人生が制約されてしまう。孝一も自分の人生を満喫し、正志の人生も安泰であってもらいたい。親心である。

幸い、正志の知的障害は、日々の生活を一人で送ることができる程度である。ただ、契約や決済、各種手続きや財産管理となると、とても一人ではできない。

妻順子は、息子の生涯を見届けるには女性が長生きするとはいえ、年齢的にも心配であるし、ちょっとおっとりな性格だから、誰かが監視していないと「オレオレ詐欺」にかかっても不思議でない。長男の孝一もまだ高校生であるが、どうも金使いには派手なところがある。

伸一は長男の孝一に金を渡したのでは危ない、簡単に処分できない財産で、しかも運用利益がある土地や不動産に財産を変えておき、そして、この財産の信託は仕方がないが孝一に任せる。孝一がきちんと運用しているか、受益者となる正志の生活がきちんと行われているか、監視する流れを作っておくこととした。

自分にいつ、何かが起こっても大丈夫のように、遺言書の作成と財産信託の手続をした。信託内容、信託契約書の作成、信託業務が思い通りに行われているかの管理監督者の設定もしておいた。

以上の話は成年後見人制度と何が違うのか、ややこしい世の中になった。選べる制度が多くて良いようだが、何が何だか分からない。年を取るのも死ぬのも、大変な時代になったものである。

六、こんなのいらない、困った財産ベスト4

親父が死んで処分に困った財産についてお話しよう。ないようで、あったりする。

・堂々の第一位　勲章と賞状

先代、先先代は偉かった。立派な額に賞状と勲章が納められている。菊の御紋が付いた賞状に、ある人が内緒で言いった。

「葬儀のとき、棺桶に入れて持たせてあげればよかった。母親の葬儀のときが最後のチャンスだ。何を差し置いても、忘れないように」

確かに生ゴミに出すには抵抗がある。勲章を粗大ゴミに出すのも抵抗がある。息子の代で処分しないと孫の代には立派すぎて持て余してしまう。いただいて喜んだ人が責任を持って処分していく最優先のものが勲章なのかもしれない。

鈴木家はいままでは叙勲とまったく関係ない、ごく平凡な家柄である。しかし、父の高願の父（祖父、いまでは母の末子がほんのり記憶にある程度）が、日露戦争に従軍したときにいただいた勲章と菊の御紋の入った賞状が立派な額に入って仏間に飾られている。いまやどんな功績でいただいたのかは誰も知る由がない。

鈴木社長はいつか処分しなければと思っているのだが、処分しかねている。誰に聞いてもどのように処分して良いのか、答えがないからである。

いまから思えば、父高願が亡くなったときに賞状を棺桶に入れ、あの世に届ければよかったと後悔している。勲章は燃えないから、棺桶に入れることはできない。それなら墓石の中に入れてしまえばよいか。処分の時期を逃した悩みはいまも続いている。

・第二位　自分の銅像や石像物、観音様などの宗教像

先々代は観音様に凝って庭に観音菩薩を建ててお参りしていたようだ。そして、先代の高願は米寿を迎えたとき、何を思ったか、その観音像の隣に、どこかの業者に良いようにおだてられ、自分が生きてきた証にと石の胸像を建てた。

朝日とともに毎日観音像を拝み、家族の安泰を願う老後を過ごした。豊成もその姿を見ながら、ありがたいことだ、観音様のおかげで毎日無事に過ごさせていただいている、と感謝していた。

　ところが、妻も子供たちもまったく「馬耳東風」。車を入れるところがないから、庭を壊して銅像を撤去してくれと言ってくる。母

親はそんなことを言われても、お爺ちゃんとお父さんが信仰してきた大切な観音様だから、どかすことはできないと涙ながらに訴える。

豊成は子供たちと母親に挟まれて、どうしたらいいのか困り果ててしまった。月参りに来るお寺さんに相談したら、「どうしても片付けなければならないのなら、私がお生抜きをしてあげましょう」と言われるが、何か罰でも当たらないかと心配で手をつけられないでいる。

人物像や宗教的銅像はよほどの覚悟がなければ建てるものではないと豊成は肝に銘じた。

・第三位　お墓、供養塔、石仏

古い家系の家柄では本体のお墓のほかに、分家や雇い人、誰のお墓だか分からない小さな墓石をいくつもお世話していることが多い。当然、二代も過ぎるともはや誰のものか、なんでここにあるのかも分からない。ひょっとしたら、愛犬のものかもしれない。

お墓に参るたびに花を飾り、掃除もしているのだが、そんなことがすでに何十年にもわたって行われきた。自分の代でやめてしまうのも気が引けるし、何か祟りでもあるのではないかと心配になってしまう。墓花も高くなった。整理しておきたいものである。

これには鈴木家も例外ではない。地元では代々続き、お寺の檀家総代まで引き受けている家柄だ。かといって、江戸時代は武家ではなくて、商家の出であるらしい。

お墓は「鈴木家代々」のお墓と、その横にお地蔵さんが三体と石ころのような墓石が三体並んでいる。誰が何が埋葬されているのか、お地蔵さんの名は石が風化して読める状態ではない。お彼岸やお正月お盆には、これらのお墓にも長年、花をたむけてきた。全部で七体、花代だけでも一回五〇〇〇円を超える。

豊成は、自分の代はやっていけるが、息子の代にはとても守り通すことは難しいと考え、思い切って本体の墓だけにする決意をした。檀那寺の和尚さんに相談してお生抜きと、墓の下に埋まっているお骨の掘り出し、墓石の片付けで五〇万円の費用がかかってしまったが、やっと晴れ晴れとした気分になれた。

・第四位　盆栽や飼い犬など生きものの趣味

一年前に亡くなった鈴木社長の父高願の一番の趣味は「盆栽作り」で、一番の友達は「愛犬大五郎」であった。朝早くから、盆栽に水をかける。雨が降っているにもかかわらず散水である。その鉢数はおよそ一〇〇鉢、立派な松が育っている。

しかし、高願が亡くなってからは、母親の末子がめんどくさそうに水やりだけは行っているが、植え替えも剪定もしていない。いつも、誰かもらってもらえないかと嘆いているが、もらい手はいまだに現れてこない。

墓の中の高願も「俺が心血かけて育てた盆栽なのに」と言っているようで、その悔しさが聞こえてくる感じである。高願が盆栽につぎ込んだ金はおそらく数百万円、いや一千万円を超えているのかもしれない。

高願は盆栽を始めるとき、息子の豊成に言った。

「盆栽は何代にもわたって育てて初めて価値が出てくる。鈴木家も将来のことを考えて、何代も繁栄していくためには、財産を次々と送っていかなくてはいけない。盆栽を育てるがごとく、だ」

こう言って、しばしば励ました。しかし、豊成の子供たちはそのようなことはまったく考えていない。親は親、僕たちは自立して自分の才覚で生きていく、と思っている。

趣味のない人から見れば、ただのゴミでしかない。これを親の財産と見るか、親の形見と見るかは見る人によって異なるが、鈴木社長はもらい手もないこの生きた盆栽に頭を悩ませている。

高願のもう一つの趣味が愛犬大五郎だった。盆栽に散水した後は大五郎との散歩である。この散歩のおかげで健康を維持してきた。話し相手も大五郎、妻や子供より大五郎、孫の次に大切なのが愛犬の大五郎だった。

今では大五郎の面倒は母親の末子が見ている。大五郎一五歳、今や歩くのがやっとの状況で、末子と幸せに暮らしている。

盆栽も犬も生き物、財産相続なのか形見なのか分からないが、誰かが引き継がなくてはならない。鈴木社長は最近「生き物はいかん」が口癖となった。

「立つ鳥、跡を濁さず」という諺があるが、あたふたと何十年も過ごしてきて、最後は静かに去っていくのは実に難しいことなのである。

空気のように成りたい
そこに居たのかとも言われない
縁ある人に手紙を書き
家族と微笑みながら暮らし
静かに死に終えたい

ばたばたと過ごしてきた鈴木社長の今の心境である。

第七章　死んで困るのは私ではない

一、ぼた餅なんて、いらない

「先生、僕が死んで困るのは、僕ではないのですよね」

相続は人間に寿命がある限り、必ずやってくる。現状が大きく変わるときには、思い違いや思惑の違いでもめごとや問題が発生するのは、当然の出来事である。人間社会なのだから。

もめごとの原因は「棚からぼた餅」の財産を誰がもらうか、受け継ぐかから始まる。つい三、四〇年前、土地や家屋は誰もがほしがる絶対的な財産だったが、時代はずいぶん変わってきた。民法や税法がついてこれないほどのスピードで、世の中の財産に対する概念が変わってきている。

土地付き一戸建ての個人住宅を売り払って、駅前に立地するマンションに切り替える。不動産なんか持つより、便利さを持ったほうが良いなんて、ご先祖が聞いたらびっくりものである。

土地は草が生えるし、固定資産税もかかり、面倒を見るのも大変だ。ましてや、家屋は余分にあっても、倉庫替わりぐらいにしか使いようがない。ルンペンでも入って火でもつけられたら困りもんだし、親父の趣味で集めた家財道具も使い勝手がよくない。

「立派と言われた庭だったが、ただ草が生えるだけで、何の興味も価値もない。今や片付けるとなると、金もかかる厄介物ですよ。お金と株券以外は財産ではないね」

こんな話が交わされている日本。経済的に豊かな社会になったが、このような会話のできる人は全国民の一〇％以下だ。日本で相続が発生して相続税が出る人は一〇％以下、せいぜい五％なのである。裏を返せば、相続税が発生する人は一〇％以内の資産家と言える。

資産家であれば、あるだけにもめる。残り九〇％の資産家でない家族も、ないならないでもめる。これが今の世の中なのだ。

以前は「金持ち、喧嘩せず」などの諺があったが、今では金持ちも喧嘩というか、権利を主張する。しかし、**金のない者はそれ以上に喧嘩（権利の主張）をすることになる。**常日頃から「お金」のストレスが溜まっているところに「棚からぼた餅」「濡れ手に粟」だから、いきおい真剣にならざるを得ない。

言論の自由、権利の主張、平等主義、個人主義。明治維新以降、太平洋戦争を経て、西洋的価値観の文化に犯された日本。その成れの果ての姿が今だから、仕方がないと言えば仕方がない。

年老いた母親も例外ではない。死亡届、年金の受給手続き、預金の名義変更や不動産の名義変更、生命保険の受給手続きに株券の名義変更、細かいことながら電話や新聞、ガスや水道、町内会の連絡名簿に至るまで、名義変更の手続きは次々と出てくる。

家の中は衣料品から家財道具、思い出深い不要品であふれている。まるでゴミ屋敷のようで、それらも片付けなければならない。

最近のことだが、テレビで「遺産整理会社」の仕事を放映していた。平たく言えば、家庭の事情で家族が離れ離れに暮らしていたり、相続人も高齢になり、亡くなった親の家に残された遺品を整理や廃棄処分することができなくなった人のために、代わりに行ってくれる会社の登場だった。

四人に一人が高齢者の時代で、しかも核家族である。親の遺品整理すら、業者に頼まなければ処分できない時代になってしまった。

死亡後の手続きを行って、思い出のあるゴミを処分して、家を取り壊して、土地を処分して、未亡人としての長い残りの人生をどのように送るか。相続後に発生する事態は大変なものである。

相続税の納税は、財産持ちが死んだ日から一〇カ月でやってくる。死んだ人が払うのではない、価値あると思われる財産を引き継いだ人のところにやってくる。払わないと延滞金という高利貸し並みの利息が付いてくる。

土地などの不動産をもらって、現金で税金を払うこともある。土地のない家に生まれた者から考えれば、わずかな税金で土地という不動産を国から買う（利用権をもらう）との考え方もできる。

もらいたくない土地をもらって、銭を取られる仕組みが相続税の納付である。この仕組みに対処するには対策が必要となってくる。

二、これで行こう、相続の三大対策

では、巷に言われている相続対策を見てみよう。

1 相続を「争族」にしない

まず相続人がもめないことである。一族一丸となって立ち向かわないとうまくいかない。本能寺の変ではないが、敵は身内にありである。

有効な手段は常に兄弟仲良くできる状況を作っておき、親は子供たちに常日頃から自分の死んだ後のことをこまめに言い聞かせておき、家族間で信頼して話ができる状況を作っておくこと。これが難しいときは遺言書を作っておいて、法的にはっきりしておく。

2 納税資金の確保は前もって

税金を払うのは財産を受け継いだ者だ。母親（配偶者）は原則（半分以下の財産引き継ぐか一億六千万円までの財産継承）納税の必要がない。それは夫婦共同で守られ、作られてきた財産であり、半分は元々配偶者のものと言えるからである。

子供たちは育ててもらっておいて、その上「棚からぼた餅」のようにいただくのだから、税金をかけるということになる。もちろん、親の財産形成に息子が大きくかかわっているようなこともあるので、課税に当っては基礎控除なるものが設定されている。

この基礎控除内の財産しかない人は納税の心配はいらないが、これを超える人は納税資金を貯めておくか、親の財産のうちから払えるだけの財産を納税用に用意しておく必要がある。

生命保険等を使って、貯めておくのも有効な手段だ。売ることができない財産を受け継いで、税金の支払いで残りの人生を過ごさなければならないことのないようにしたい。

3 節税の方法はそれなりにある

相続すべき親の財産を生前中に減らしてしまえば相続税は少なくなる。使い切ってしまうのも一案だ。

巷に言われる節税の三大対策は養子縁組、不動産活用、生前贈与の組み合わせとされている。最近では息子も遠くに離れて暮らしており、老後も一緒に暮らすことはない。土地のような財産を残しても、管理に困るのは目に見えている。

そこで全部処分して現金に換える。こんな家族も増えている。使えるだけ使ってしまい、残りは売却でも賃貸にでも使えるマンションに切り替えておく。

子供や孫への生前贈与を徹底して実施し、金融資産は極力減らしておく。時価に近い財産を、アパート等の評価が低くなる不動産に切り替えておき、収益を得ながら相続財産の価値を下げておく。現金を土地に替え、駐車場などにするのはよく行われている。

鈴木高願の一族で、代々米屋をしてきた高願の妻の在所、加藤家はその資産の大部分を不動産で代々引き継いできた。戦後の農地解放で保有地の大部分は没収され、今ではかっての一〇分の一程度に縮小しているが、それでも市内のあちらこちらに宅地として残っている。

それでも年間固定資産税だけで数百万円も課税され、土地の有効活用をしなければ維持することすらできない。そこで、駐車場にアパート経営、貸店舗にと貸地経営をし、毎年追いかけてくる固定資産税の支払いに頭を抱えている。

しかも、重信が亡くなった三年前の相続による相続税の支払いと、税務調査による追徴金で多くの財産が消失した。資産維持の資金繰りでは大変な苦労をしている。

三、こんな手もある、節税の三大対策

1 養子縁組、そのメリットとデメリット

相続税を減らすには相続人を増やすと、相続人一人当たりの基礎控除を増加させ、相続税の税率を引き下げる効果がある。今では**税法上実子のいる人は一人まで、実子のいない人は二人まで養子縁組による税金計算しか認めていない**が、以前はこの養子の数に制限がなく、子の嫁から孫に至るまで、

一〇人を超える養子縁組をして節税効果を狙う行為が行われる時代もあった。

お金のために将来どのような人生を送るか分からない孫とまで縁組し、孫が自立したとき「えっ、僕はお爺ちゃんの子供だったんですか」なんてこともあった。

まだ血縁の中で行われた養子縁組ならあきらめもつくが、息子の嫁を養子縁組したケースでは「好事魔多し」という諺がある通り、息子が浮気をして離婚となった。息子とは離婚で家族関係は終了したが、法的には養子縁組はそのまま生きている。離婚はできても離縁はそう簡単にはできないのだ。

離婚と離縁とは違う。離婚で金がかかり、養子縁組を解消する離縁ではさらにお金がかかる。まともに税金を払っておいた方が有利だったのかもしれない。

2 不動産投資、そのメリットとデメリット

不動産投資をするとなぜ相続税対策になるかはすでにお話したが、少し復習してみると、時価をどのように評価するかによってそのメリットを出す。

現金や預金は一〇〇%の評価で異論ないが、例えば四千万円で購入した土地やマンションは物なので、再び現金に戻そうとすると、売却費用や税金のコストがかかることもあり、また、中古や利用価値の減少などとなって評価減となる。税務署の評価も購入時価の六~七掛けの評価になる。

また、更地の上に賃貸物件を建てれば、更地は「貸家建付地」となり、さらに現金に戻しにくく評価減になる。この評価減の法則を利用して相続財産の評価減を図り、税金を安くするのが不動産投資

の節税と言われる手法だ。

うまくいけば相続税はかなり安くなり、貸家からの安定収入で生活は豊かになる。いいことずくめのようだが、デメリットもある。

不動産投資のデメリットは入居者がいなければ、また突然、出ていかれては収入が途絶えるどころか、手持ちの現金が不動産に代わり、流動性がなくなってしまう。借金をして不動産を取得すれば、借金はその残額分だけ時価で評価され、建物との差額評価分だけ節税効果が大きいのだが、元金の返済と利息の支払いとが常に追いかけてくることになる。

これでは相続税の減額どころの騒ぎではなくなってしまうことにもなりかねない。投資金額や投資

物件、そして投資方法をよく吟味する必要がある。
また、最近は海外不動産に投資される人もいるが、日本の評価方法が適用されないから、場合によっては財産が増加するケースもある。さらに注意が必要で、そもそも広大な土地を持

つ海外の国には、日本のようなきめ細かな路線価などはない。相続税のない国も多いのだ。

3 生前贈与、そのメリットとデメリット

「えーい、面倒だ、財産があるから面倒なことが起きる。死ぬまでに使い切ってしまえばもめることも、税金のことも心配ない」

そう思っても、この年になると、食べるのにも飲むのにもたいして使えない。旅行に行くとしても体力がいる。家の中はもはやゴミの山で、何かを捨てなければ新たに買うこともできない。

問題はあと何年生きていかなくてはならないかだ。その余命に必要なだけの財産は残しておかなくてはならない。もしかしたら大病で入院費が多額にかかるかもしれないし、妻に先立たれて介護費用が必要になるかもしれない。心配事は尽きないものである。

息子たちは当てにはならない、迷惑をかけたくない、嫁には頼み難い。かといって、税金で取られるのはもっと嫌だ。

人間の性として何かにつけて、もっと良いことはないか、とメリットを考えて行動する。しかし、「人生はどちらに転んでも四分六」である。どんなに素敵なことだと思うのにも四分のデメリットが含まれており、最悪だと思われるときでもその中には四分のメリットが含まれている。

それでも人はメリットを追いかける習性を、断ち切ることはできない。本当は自然の流れに任せるのが一番良いのだが。

「一億円だけ残して、後は息子や孫たちに贈与してしまえ」

贈与のメリットとデメリットについて、コンサルタントの神川が話し出した。それをまとめておくと、次のようになる。

メリットの第一は、相続財産の減少により、相続税が安くなる。

第二のメリットは、将来、相続の問題となりそうな物件を、生前に処理しておくことができる。

第三にはアパートや貸店舗などの収益物件を贈与しておけば、手放した側の贈与者の所得の減少となる一方、受け取った側の所得の増加につながる。所得の分散により所得税の節税も図ることができ、税金的には一石二鳥の効果がある。

第四のメリットは、将来値上がり確実な物件なら、評価の安いうちに贈与しておけば、資産の次の代への継承にはもってこいである。

世の中、メリットがあれば必ずデメリットもある。

デメリットの第一は、人間の寿命を計るのは難しいことである。財産を渡しすぎてしまえば老後の資金が不足し、不安な毎日を過ごすことになりかねない。

第二のデメリットは、財産を受け取った側の問題である。苦労して人生を送っているから、色々なものが見えてくるのが人生である。

ところが、ある日突然、宝くじに当たったように、なんの努力もしないでお宝が降ってくれば、人生観が変わるのも当然である。事実、生前贈与で貯金や不動産を受け取った息子が勤労意欲を失い、毎日ゴルフ三昧、高級外車を乗り回すことになった。

そうでなくても親の財産を計算し、ちまちま働いても仕方がないと決めつけてしまうことも起きている。こうなると、もはや税金がもったいないどころではない。息子の素行に夜も眠れなくなってしまう人もいる。

第三のデメリットとしては、生前に財産をもらった子と、もらわなかった子の確執が生まれることである。この問題は死んだ後の財産分けでも問題となり、遺留分の権利にも波及していくことになる。生前にどのように贈与するかは慎重に考慮しなくてはならない。

第四のデメリットは、一般的には贈与税の方が相続税率より高い。贈与をするにあたって相続の試算を行い、自分の財産にかかる相続税率と贈与税率の実質税率を見極めてから、贈与を行うよう注意を払わなくてはならない。

四、やれば喜ばれる、贈与の三大作戦

1 配偶者贈与、そのメリットとデメリット

夕食を済ませ大きな家の中には九一歳の母末子と豊成、その傍らに妻の幸子、それから家族を取り

持つ愛犬の大五郎、三人と犬一匹。テレビの音だけが静かに聞こえていた中で、幸子が突然、こんなことを言い出した。

「あなた、私たち結婚して（婚姻届を出して）三〇年の真珠婚ですね。お祝いにこの住んでいる家と土地を、私の名義に変更して下さい。

この前テレビの法律相談で言っていました。結婚して二〇年たったら、住んでいる家と土地を奥様の名義に変えても二千万円までは贈与税がかからず、相続税対策にもなると」

確かにその通りだ。厳密には贈与税の基礎控除一一〇万円を足せば、二一一〇万円まで贈与税はかからない。相続財産の総額を減少させるから、確かに一族の相続対策にはなる。

妻は財産の半額まで受け取っても相続税がどうせ出ないのだから、妻のことだけを考えれば相続税は関係ない話である。とてもいい話のように聞こえるが、メリットがあれば必ずデメリットもある。

第一のデメリットは、最近流行っている熟年離婚である。自宅の贈与後、万一離婚ともなれば、お父さんは自宅がないルンペンになる恐れがある。そのとき自宅を返せと言っても、取り消すことも取り返すこともできない。

第二のデメリットは、多くの旦那は自分が先に死ぬものだと決めている。しかし、妻が先に逝くことも多々ある。このようなときは、逆相続をしなくてはならないことにもなりかねない。

第三の問題としては、居住用財産には、相続に際して特別に評価減できるサービスが付いているのだが、この特典を使うことができないことにもなりかねない。他の財産で特別控除の対象になるものがあるかどうかを検討しておく必要がある。

最後の注意点としては、自宅を奥様の名義に変えると、不動産取得税と登録免許税がかかってくる。これが相続で仕方なしに引き継いだのと比べると意外と高く、びっくりすることとなる。住んでいる家を主人から妻に名義を変えただけなのに税金がかかる。おかしな話ではあるが仕方がない。

「私、真珠はたくさん持っていますが、不動産は何もありません。相続対策にもなるし、とても良いことですので、自宅の名義を変えて下さい」

豊成は内心「これでおれの家がなくなった。ますます立場は悪くなる」と思いつつも手続きをすることになった。

「家無し豊成、背中の銀杏が泣いている、中年男よどこに行く」

2 教育資金贈与、そのメリットとデメリット

豊成が今一番可愛がっているのが愛犬の大五郎であるが、いかんせん犬である。大五郎以外では長女の順子の子がこれまた可愛い。

順子の嫁いだ山田家は安サラリーマンの家で、これまた質素な生活である。その山田家の長男として育ったのが山田幸一。幼いときから「じいちゃん、じいちゃん」と豊成になつき、豊成一番のお気

に入りの孫である。

一六歳に成長した幸一が豊成のところに進学の相談にやって来た（本当は母親順子の入れ知恵である）。

「おじいちゃん、僕は大学に行きたいとお母さんに言ったら、『うちはお金がないから、お前は就職しなさい』と言われました。おじいちゃん、僕は大学に行きたい」

豊成は即座に答えた。

「そうか、そうか。おじいちゃんに任せておきなさい」

持つべきものは親ではない、おじいちゃんなのだ。

「孫は可愛くて、可愛くて」。こんな爺様の夢をかなえるのが、教育資金の一括贈与、贈与税の非課税措置である。

親や祖父母が**子供や孫のために、教育資金を一五〇〇万円まで一括で贈与しても贈与税を課税さない**。政府の経済対策としては爺様が貯め込んだお金を吐き出させて、景気を良くしようという思惑がある。時限立法である。

三〇歳までの孫の教育資金に充てるために、教育資金と支出した金額から一五〇〇万円を限度として、贈与税は非課税である。ただし、贈与を受けた子や孫が三〇歳に達したときに残金があれば、その残金は贈与税の対象になるため、教育資金として使い切ってしまう必要がある。

この資金の委託先としては信託銀行、銀行、証券会社があり、どれかを選択する必要がある。教育資金としてしか使い道がなく、途中で気が変わっても戻すことはできない。孫は可愛いが、可愛さと能力は関係ないので、急いで贈与するかどうかは考えものである。

3 住宅取得資金贈与、そのメリットとデメリット

鈴木家の長男徳雄は東京に本社がある大手商社のサラリーマンをしている。毎日一時間半もかけて通勤している家庭を持ち。会社の地位もそこそこに上がるにつれ、通勤時間が苦になってきた。そこで、都心の新築マンションを購入することに決めた。

販売価格は六千万円を超えている。住宅ローンを組むにしても生活が逼迫してくることになる。そんな折、長女の順子が子供の教育資金を父の豊成にせびったとの情報が漏れ聞こえてきた。

長男としてのプライド、家を継ぐでもないのにいまさらと徳雄は思うのだが、「背に腹は代えられない」と、いつもは口も聞かない親父のもとに相談に出かけることにした。

やはり景気浮揚の時限立法として作られたのが、住宅取得資金の贈与税非課税の特例である。**二〇歳以上の息子や孫が、自分の住む住宅を取得するために贈与を受けた場合には、最大三千万円までの贈与が非課税になる**(消費税が一〇%である場合)。

とびきりの非課税処置である。事実、この特例を用いて子や孫に財産移しが行われ、相続税対策に、また子供の住宅取得推進に使われている。

孫のために金を出すのは親ではなく、今では団塊の世代である爺と婆である。孫から「良いおじいちゃん」と呼ばれるためには金がなくてはならないが、孫に取られすぎては長い老後が心配になってしまう。痛しかゆしである。

これらの教育資金や住宅取得資金以外にも、爺様の懐を狙う税制がある。「結婚、子育て資金の一括贈与の非課税」。**二〇歳から五〇歳未満の者が結婚や子育て資金を受けた場合、一千万円を限度として贈与税は非課税となる。**

もはやここまで来ると、いくら元手が多い団塊の世代も、やせ細ってしまう。日本政府も団塊の世代の爺や婆の懐を当てにしなくては、景気浮揚すらままならないとは情けないことである。

五、まだある、所得の分散三大作戦

1 同居生活資金の活用

親子同居が珍しい世の中となった。しかし、相続税の減額対策、財産継承対策としては最大にして最強なのが、大家族主義、親子同居である。

同居であれば、子供や孫の生活費や教育資金、生活費を誰がどのように出費しようと、贈与税の対象にはならない。電気、水道、電話、ガス、車のガソリンから町内会費、家の修理を誰がどのように払うかはその家庭の自由で、税務署も家庭の在り方にまで口をはさむことはできない。子供や孫の月謝が誰の通帳から落ちようが、贈与税の対象にはならないのである。

資産家の後継ぎは生まれ落ちたそのときから、親が死んだら相続税という債務を背負って生きている。本人は借金などないと思っているが、本当は目に見えない多額の借金を背負っているのである。この借金から逃れるには親より先に死ぬか、日本から出て行くしかない。

生活費のすべてを資産家の親が面倒を見、息子の収入はすべて貯金に回し、子供は財産形成に徹する。これが最大の家系の継承である。

同居して家計のすべては親まかせ
相続税対策はバッチリ!
親の財産しっかりへらし子は貯金
通帳
通帳

相続税を払う人は貯金をし、財産を持っている人が家計費を支払うようにすれば、一石二鳥となる。その逆は国家に税金の奉仕をするようなものである。

できの悪い息子だと、「親が生活費を全部見てくれるから、俺はもらった給料で外車を買って、遊興費もふんだんに使えて、海外旅行も好きなだけ行ける」なんてことになったら、家計は破局的かも

しれないし、嫁と姑の仲がうまくいっていないと難しいことにもなる。骨太で裕福な豊成も、徐々にすねがやせ細っていくのを感じる今日この頃である。

２生命保険の活用

「私が死んだら、この保険金の受け取りは妻にする」

これは相続財産の中でも、みなし相続財産と言われているもの。受取人の承諾なしで受取人指定で相続させることができる。これなら兄弟間で取り合いになることもない。受取人の承諾がないので受け取らなくてもいいのだが、今までに受け取らなかったという話は聞いたことがない。

このみなし財産である保険金は、相続税の相続財産として申告しなくてはならないが、**受け取った保険金から何と「五〇〇万円×相続人数分」の金額を控除してもらえる**のだ。だから相続人が四人いれば、受け取り保険金が二千万円あっても、相続税が掛からないことになる。

中には高齢でいまさら生命保険には加入できないという人もいるが、まだあきらめてはいけない。こんな場合には一時払いの保険に加入し、仮に一千万円を支払って、死亡保険金が九〇〇万円だったとしても、相続税の税効果で加入しておいて得になる人もいる。

相続に際して一千万円の現金は、そのまま一千万円で課税財産となる。だから、もし相続税の納税者となるような人で、相続税の税率が二〇%になるようだと、二〇〇万円の税負担が発生する。その場合、受け取り保険金が九〇〇万円しかもらえなくて一〇〇万円の損が出ても、この九〇〇万円がまるまる非課税となれば、キャッシュフロウの面から一〇〇万円の得をしたこととなる。

これを税効果を使った節税と言う。おまけに、確定申告では生命保険料控除として所得税の減額もできる。もっとも年金生活で所得税も取られず、相続税も関係のない九五％の庶民には関係のないことなのだが。

3 収入分散の活用

不動産が多いというか不動産収入が多い方は、**不動産運用会社または不動産管理会社を活用する**のも一つである。不動産の財産が多く収入も多ければ、当然、所得税も相続税も多額になる。この問題をまとめて解決するには不動産管理運用会社を活用することである。

社長は後継ぎとして、今持っている土地の上にアパートなどの賃貸物件を建て、この建物の維持管理、入居などを管理会社が運営する。この会社の経営者と従業員は当然、家族で働いた応分の給料をもらうことになる。賃貸収入を給与という形で家族に分配し、土地の所有者や賃貸不動産の所有者に所得が集中するのを防ぐことになる。

また、もう一歩進めるには**親の土地の上に、一族の不動産会社が賃貸物件を建設して、直接、不動産賃貸業に参入する**ことである。収入はすべて不動産会社に入るので、前述の管理会社よりも大きなメリットを受けることになるが、入居状況が悪く経営がうまくいかないときのデメリットも大きいので注意が必要である。

その他にも手持ちの資金や安い金利の借入金で、**すでに建っている賃貸物件を居抜き（入居者付き）で買取し、不動産賃貸業に参入する**方法もある。現在のように預金金利が低く、株価も乱高下の世の中では貯蓄しておいても利息は付かない。相続時に預金は満額評価されてしまう。賃貸不動産であれば利回りが取れ、しかも相続時には不動産の評価減で相続税の節税効果がでる。これも一案である。

例えば、三億円の貯金を持っている方が亡くなれば、相続財産評価は三億円そのものであるが、三億円の賃貸不動産物件であるならば、土地は路線価で売買時価より安く評価減され、しかも貸家建付地でさらに評価減することができる。建物は固定資産評価で取得の七掛け程度の評価に変わり、挙げ句に貸家権評価でさらに減額となる。三億円の財産が一億円以下に減額となることもある

この賃貸不動産から入る収入を管理会社で分散して資産の一極集中を回避し、生活費をまかなうようにしながら、後継ぎの貯蓄を増やすことにすれば、所得税対策、相続税対策、納税資金対策と一石三鳥の対策となる。

貸家業であるので入居者が減少したり、家賃が値下がりするような危険リスクも当然ある。しかし、資産家がこの魅力を見逃すことはない。

4 青色申告事業専従者の給与を活用

個人の商売をしている方は良く知っていることだが、商売の儲けを確定申告をするのに、青色申告と白色申告とがある。青色申告にすると、取引の内容を帳簿に記載して儲けの状況を明確にしなくて

はならない。明確にしたくない人や、帳簿を作る能力のない人は白色申告となる。

税務署は明確にもれなくきちんと税金を取るため、青色申告を推進している。そのために青色申告をする人には色々な恩典を与えているが、その中で最大のメリットが青色専従者給与（家族従業員、妻や親、子供等が給与）を取ることができる制度である。

元々商売が大変で、お父さんの商売をその妻や子供が手伝っただけのことで、これは「おこづかい文化」「内助の功文化」であり、給与という日本人の考え方にはなかった。しかし、商売が事業と呼ばれ、商法や法人税法、所得税法などの法律が整備されると、所得税という法に従って商売という事業を行う者には家族労働者にも給与を払ってよいということになった。

給与となればサラリーマンと同じ源泉徴収という税金も払うことになる。税金を払えば当然、その働いた人の正式な所得となり、その所得から生まれた財産はその人に帰属するものとなる。**内助の功による奥様の「ヘソクリ」とはまったく違うものになる**。

この原理を利用して、不動産活用賃貸事業でも青色申告にして、奥様が駐車場の草取りや掃除、集金など、あるいは貸家やアパートの経営事業の入居者募集や掃除や帳簿付けの手伝いに給与を払うことができる道が開けた。働きが容易か大変か、いい加減か熱心かなどは個人の感覚の問題であり、その事業に関わっているかどうかが肝心なのである。

労働対価には絶対的に正しい物差しはない。この人間社会のいい加減さが、厳格な決まりである税金の計算に持ち込まれるとき、法律に隙間が生まれる。

賢い人と言ったら語弊があるが、少しこすっからく知恵の働く人は、この隙間を見逃さないのが世の常である。事業主であるご主人が奥様任せであれば、儲けのすべてが給料として払われてしまっても仕方がない。商売だから給料を払い過ぎても、赤字になっても仕方がない。

この青色申告の制度を使えば、**給料を奥様に払うことによって、合法的に所得分散をして、結果的には財産分散、相続税の減額を招くことになる**。例えば、年間二〇〇万円の給与を払えば一〇年で二千万円、二〇年で四千万円、妻と専業主婦の長男の嫁二人に払えば八千万円もの財産を移し替えたことになる。ありがたい青色専従者給与制度なのである。

白色申告者の方がきちんと帳面を付ける必要がなく、簡単だと言う人がいる。しかし、所得を少なく申告しても良いということではない。所得はきちんと申告し、何の恩典もない白色申告よりは、ちょっとだけ面倒な帳簿を付けて、ちょっとだけ面倒な給料の源泉徴収をすれば、財産の分散と相続対策として内助の功を形で表現することができるのである。

嫁には相続が発生したとき、財産をもらえる権利がない。「だまっていろ」と言われて「私は泣き寝入り」などと、不愚な思いをする前に、ちゃっかり先取りで財産を移しておくことができる。

給料が高いかどうかは見解の相違でしかないので、専従者給与の一部が経費に認められないことになっても、奥様の財産が不正蓄財となることはない。当然、贈与税が課税されることはない。財産の移し得ということであるが、あまりにも極端であると、贈与税を課税するとか、給与の計算をやり直せと税務署が言い出すかもしれないので、少しは注意が必要である。

個人事業に近い同族法人会社を作って、奥様が社長だ、専務だなんてこともある。**この場合は青色専従者給与に代わって、役員報酬を取ることになる**が、役員報酬が多額であるのか適正であるのかは労働の対価や経営の在り方にかかわることであるので、明確な基準はない。当然、税務署やどこかの役所が報酬金額に口を挟む余地はない。

百歩譲って、税務署が税法上高すぎるとなれば、その高すぎる分だけ税務上の損金不算入（経費と認めない部分）をすれば良いこと。財産移しは成功である。

税務署が役員報酬そのものを認めないとするには、同族会社の勝手な振る舞いとして、会社の為したる行為そのものを否定する「行為計算の否認」手続きを踏まなければならなくなる。課税庁側も少々ハードルが高いことになる。

このような専従者給与や役員報酬を利用して財産移しをするとき、注意しなければならないことは、相続税の税率と所得税法人税の税率とを比べてどちらが優位か、である。財産の移し替えはうまくいったが、後々、相続税の税率の実質税率の方が安く済んだのでは、何のためのものだったか、意味を失ってしまうからである。

第八章　前門の虎、後門の狼

一、江戸時代も現代も大して変わらない

相続税は財産税（財産の在り高にかかる税金）なので、金がなくても財産のたくさんある人に課税される。お金のない人にも税金がかかり「ない袖は振れない」と言っても通用しない。金がなければ物で払え。まるで時代劇に出てくるヤクザみたいなものだが、これが物納の制度である。近代的な法律になると、昔のヤクザなぼったくりも「物納」という立派な制度ということになる。

物納には納める優先順序が決まっている。金がない人は国債、その次は上場株式……となっていて、「俺は土地しかない」と言われる人には土地であっても、現金化しやすい順序でしか受け付けてくれない。

宅地でしかも更地、隣地との境界がはっきりしていて、売却しやすい大きさが最優先だ。貸地や地境がはっきりしていない土地、担保など抵当権が設定してある土地、建物が建っている土地などは、なかなか物納として受け取ってもらえない。

地境も明確で、隣地とのもめごともなく、更地ですぐに処分できる土地から対象になる。こんな土地なら物納せず、自分で売って現金で税金を納める方が有利と思われる。そんな土地から優先となる。

物納は納税の最後の手段と覚悟しておく必要がある。国は税金という形で金を取るが、あなたの人

生観や今後の生活の算段はしてくれない。財産持ちの人は自分の身は自分で守るのが「絶対原則」である。

税金を算出するため、すべての財産に金額を付けて評価した割には、その徴収価値に順位を付けるのだから、ずいぶん得手勝手な法律と言える。が、悪法も法の内、取る（徴収する）側の法律だから仕方ない。

国は取りやすいものから取る、価値が不変なものから取るのが原則。現金、預金、国債、株式、更地の土地、地境のはっきりしている土地……お金を物に替えて税金の払い逃れがないように、徴収費用ができるだけかからないように、徴収する側に有利になっていることは歪めない。

「泣きっ面に蜂」という諺があるが、納税資金に悩んだB君、あろうことか相続財産にも載っていない、しかも自分の預金口座にもない内緒のお金で相続税を支払った。経費にもならない税金、しかも申告すれば相続税として課税される。二重取りだと、隠していた金で税金を納めた。

こんなことを税務署員が見つけないわけがない。納税資金の出所を調べられ、延滞金までつけられて「御用」となった。B君の理屈は当然、通ることはなかった。「悪銭身に付かず」という諺通り、色々なことがある。世の中には色々な人がいる。

彼はこれが俺の個性だと言いうが、ただのわがままとしか見えない。個性は他人に不愉快や迷惑を

与えることはあっても、傷付けることはない。わがままは傷を付けたり、損害を与えたりすることになる。世の中が許してくれるわがままは、孫にダダをこねられるときだけにしたいものである。

　さて、後継者の鈴木継男は先代の高願、父の豊成の生きざまを見て、事業を続けて行くには「前門の虎」である税務署とどのように向き合うか、そして「後門の狼」とどのように戦うかを勉強することとなった。

　前門の虎には税理士や弁護士等の専門家の知識で対抗できるし戦略も立てやすいが、後門の狼である兄弟姉妹、親類縁者は束になってかかってくる。しかも次々と際限なくやってきて「理屈もへちまもあったものではない」ということになる。この狼を手なずけたり味方に付けなければ、人生にも事業にも勝ち目はないと考えるのである。

二、生活力のない兄弟がいると大変だ

子供は生活力がなく、所得の少ない者ほど真剣になる。世の中のシステムというか社会の仕組みとして、人間が集団生活を始めて以来、五%の恵まれた人、六五%のまずまずの人、三〇%の不幸な人が統計上生まれることになっている。こんな研究結果があると聞いた。

すべての子供が、一族のすべてが、豊かに生活しているのは、統計上ないとのことだ。経済的に不具な生活を送っている子が一族の中にいるのは、統計的に当たり前のことなのである。

どんな家族にも人が死ぬ運命にある以上、相続は平等にやってくる。このとき親がどんなに努力しようが願いを込めようが、経済的に不幸な三〇%に入っている子がおれば、相続時に敏感にならざるを得まい。

人間の社会だから、豊かな者も貧しい者も温厚な人も口うるさい人も、一定の割合でいる。生活力の少ない兄弟がいるのもごく当たり前、口うるさい姉妹がいるのも至極当たり前のことである。

ここで長年、相談のもめごとと向き合ってきた弁護士の秋山先生に、**どんな家庭がよくもめるか**について聞いてみた。それをまとめると以下のようになる。

1 兄弟姉妹が顔を合わせる機会がほとんどない家庭。

2 長男より嫁いだ長女の方が年長で、嫁ぎ先が経済的に豊かでない場合。
3 男兄弟の仲が良くなく、各家庭の経済格差が大きいとき。
4 腹違いの兄弟がいるとき。
5 母親が先に亡くなり母子家庭で、財産分けの采配者がいない場合。
6 家系の継承について、常に話をしていない家庭。
7 後継ぎが見栄っ張りで、高級車を乗りこなすような生活をしている場合。
まずはこのような項目になるか。秋山先生の話では**後継ぎの謙虚さが大事な要素となる**とのことだった。

秋山先生の座右の銘は次のようなものだとか。

「神様はおごり高ぶる人よりも、謙虚で思いやりのある人に恵みを与え、悲しみ深き人に豊かな心を授け、親孝行者に安らぎを贈る」

争いごとの尽きないのが世の常だが、兄弟が「棚からぼた餅」で争う姿は親が最も見たくないものだろう。最大の親不孝であることは間違いない。

三、事業を継ぐのは一大決心である

時代がゆっくり流れていた頃、息子が親の事業を継ぐのは親孝行とされ、息子の鑑のように言われていた。多くの息子たちが大学を出ると、家業を継ぐために帰って来た。

時代がゆっくり流れているのだから、親が作り上げた事業用の財産（顧客、設備、信用や雇用関係）がそのまま息子に引き継がれ、息子の人生に大きな財産として残っていった。

しかし、今のように急激な変化のある経済社会では、**親の作り上げた事業用の財産は、息子に引き渡すときには、すでに「ゴミ」のような使い古された資産でしかない**ことが多い。親とともに作られた営業顧客も年寄りばかり、設備に至っては骨董品に近い。個人信用はインフラやシステム信用に代わり、終身雇用は退職金制度や年金制度の変化で形骸化してしまっている。

特に優秀でもない、かと言ってボンクラでもない息子が、親が楽しんだカスの事業を受け継ぐのは、よほどの覚悟がなければできるものではない。また、継がせるべきものでもない。

息子が継ぐ事業は株式評価して、財産としての事業を引き継ぐ。相続税という税金を払ってまで引き継げる財産か、親の尻拭いをしなければならないマイナスの財産か、をよく見極めなければ継いではならない。引き継がせてはならない。

息子の人生を親の尻拭いのために使ってはならない。ましてや、財産保全のために婚期が遅れたり結婚を逃したり、親のために本末転倒な人生を歩かされる不幸な子供もいる。たかが税金のために、人生を間違える馬鹿なことだけはしたくないものである。

何度でも言いたい。**家系家業の継承で大変なのは死んでいく親ではない。その家を継ぐ、継ごうと思っている、継がなくてはならないあなた、後継者なのだ。**

四、跡取りの言い分、出た者の言い分

後継者にとって何が大変か、数えてみれば次のようなものが挙げられる。

1 固定資産をもらっても、現金で相続税を払う。

2 残された配偶者（一般的には母親）の老後の世話をする。

3 兄弟姉妹がいれば、残された財産や形見をどのように分けるか、また、処分するかを決めなくてはならない。

4 亡くなった後の葬儀や宗教行事を何年もやり続けなくてはならない。

5 兄弟とはいえ、本家としていざというときは、頼りとなる存在でなくてはならない。

6 親の財産をできるだけ維持して、滅失しないように管理しなくてはならない。

7 地元に残る者として、地域活動や文化活動に参加したり、奉仕したりしなくてはならない。

真面目な親孝行の後継者はこのように考える。逆に、出て行った者の言い分も聞いてあげよう。こちらもそれなりの言い分がある。

1 後継ぎは大した努力もしないで、土地建物をもらって得だ。俺は住宅ローンに追われながら、やっとの思いで家を手に入れたのに。

2 後継ぎは住み慣れた土地に友達や知り合いがいっぱいいて、安心して暮らせる。俺たち夫婦は見ず知らずの土地で、一から知り合いを作らなくてはならない。気心も知れないところで、老後も心配だ。

3 子供たちに残すほどの財産もない。子供たちが故郷と思ってくれるものもない。根なし草のようなものだ。

4 生まれ育った町ではないので、竹馬の友もいない。先祖とつながる墓もない。死んだその先、俺が生きてきた証は何もかもなくなってしまう。

真面目な土着民である日本人はこのように考える。どちらがいいのか。

五、日本の伝統文化、敗戦の日近し

継男は朝日が昇るとともに、先々代の巌が建てた観音像を、先代の高願が拝む姿を、豊成の横で幼いときから見てきた。後継者としての道徳観も強く、勤勉実直な経営者に育っていた。地元若手経営者の会にも積極的に参加する典型的な日本人経営者である。

彼は思った。日本人はその教育制度の高さから、いずれの立場に置かれても「真面目」に物事を考える。教育レベルが高く、しかも「真面目」だからこそ、損得やもめごとが起きる。

日本の教育では過去の歴史から宗教をまったく取り扱わなくなってしまった。しかし、子供が大人になるにあたって、義務教育で子供の健全な人格の形成に、宗教がないのは教育の欠落であるとしか言いようがない。

つい最近までは性教育はタブーとされていたが、最近は教育の一環として取り扱われるようになってきたようである。しかし、宗教はまったくの論外である。

そんな今日の環境の中で育った日本人には、死や先祖や生命に対する共通の価値観がなくなってきたのは当然である。家系の継承や一族のあり方、民族としての生き方も、二千年にわたって築かれた文化が崩壊なのか変革なのか分からないが、大きく変わってきていることは確かである。

死んでしまえば神も仏も何もないのかもしれない。しかし、日本人に染み着いた風習は、神は日本人の文化の在り方、仏は先祖に対する敬いの在り方と解釈されてきた。それがいまでは自分さえよければ、目の前の家族さえよければ、それでよしとする考え方が強い。

自分が死んでも墓を守る者はいない。十年もすれば自分が生きてきた証も何も残らない。誰も覚えている者はいない。

「生きている間だけが大切で、死んだ後のことなどはどうでもよい。未来に残すものも、守るものもない」

頑張って飲み込もうとするが、苦しくて喉を通らない。二千年の歴史と文化が、たかが一〇〇年足らずで変わるわけがないと思うのは幻想であろうか。

毎日、損だ得だに追い回される日々が過ぎていく。家族の在り方、それに伴う価値観の変化が、税法も含めた社会制度に変化を起こしてくる。

人口の少子化や高齢化に伴う経済の衰退、勤労意欲を奪う現象がいまや税制をも変えようとしている。社会の変化に応じて税制が変わるのは良しとしても、財政が苦しくて税制を変えるというのでは本末転倒となってしまう。税制を皮肉る言葉に、
・車のスピードを出し過ぎると、罰金を払って安全を知る。
・もうけ過ぎると、所得税という罰金を払って社会に奉仕する。
・財産を貯めすぎると、相続税という罰金を払って贖罪する。
・仕事もしないで飯が食えなくなると、税金から生活保護の奨励金がもらえる。
・年を取るともう働かなくてもよいと、年金という手切れ金がもらえる。
まだ色々あるが、金の取り方・払い方で社会が大きく変わってしまう。壊れやすい社会になったものだ。

団塊の世代で育ち、老いた者たちに今一度、青春を呼び戻してもらいたい。ヘルメットを被り、ゲ

バ棒を持ち、スクラムを組んで歌ったあの歌を。

友よ　夜明け前の闇の中で

友よ　戦いの炎も燃やせ

夜明けは近い　夜明けは近い……

人生は後の方こそ面白いものにしたい。隠居なんかしている暇はないが、心配事も多い難しい世の中になった。「死んで迷惑、ボケて困る」。どうしたらよいのやら。

相続は兄弟姉妹で「もめて当然、付き合いは面倒だ」。個人主義がいい。そう思いつつも伝統日本のしきたりを捨て切れないのも、また日本人である。

戦後教育から、まもなく一〇〇年。日本文化の真の敗戦の日が相続上の面からも近づきつつある感がする。

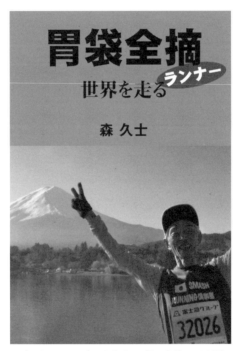

森　久士（もり・ひさし）

一九四八年生まれ。愛知県知立市の土着民。一九七八年、税理士・森会計事務所を開設、二〇〇二年、税理士法人スマッシュ経営を設立、現在に至る。

二〇〇七年、胃ガンで入院、二〇〇九年、ガンの再発で胃を全摘。その後、リハビリとして走り始め、二〇一五年、『胃袋全摘ランナー世界を走る』を出版。翌二〇一六年、奥様をモデルにした『60過ぎたらボウリング　還暦玉子の玉ころがし』を出版。愛知県内を中心に年間二〇〇件以上の相続案件を取り扱い、その経験から今回の税務専門小説の出版となった。

にっこり相続　がっくり争続

平成二十八年十二月一日

著　者　森　久士
発行者　舟橋武志
発行所　ブックショップマイタウン
〒453-0012名古屋市中村区井深町一・一
新幹線高架内「本陣街」二階
TEL〇五二・四五三・五〇二三
FAX〇五八六・七三・五五一四
URL http://www.mytown-nagoya.com/

ISBN978-4-938341-54-1 C0036 ¥1500E